# Le jardinage éconologique

## Quand économie rime avec écologie

Collection **LE CHOIX DURABLE**

- **Les insectes, amis de nos jardins**
  *par Vincent Albouy*

- **Jardinez avec la nature**
  Les bases du jardinage écologique
  *par Vincent Albouy*

- **Économiser l'eau et l'énergie chez soi**
  Guide pratique des solutions simples et rentables
  *par Jean-paul Blugeon*

- **L'habitat durable**
  Construire ou rénover écologique et économique
  *par Didier Carbiener*

- **Manger bio – Pourquoi ? Comment ?**
  Le guide du consommateur éco-responsable
  *par Moutsie & Pascal Pavie*

- **Le biopotager autosuffisant**
  Produisez économiquement vos légumes toute l'année
  *par Vincent Albouy*

- **Le solaire chez soi**
  Des solutions simples et économiques pour les bricoleurs
  *par Vincent Albouy & Jean-Paul Blugeon*

- **Tout sur le compost**
  Le connaître, le faire, l'acheter, l'utiliser
  *par Lili Michaud*

- **Les tomates aiment les carottes**
  Les secrets du bon voisinage des plantes dans votre jardin
  *par Louise Riotte*

*Ouvrage imprimé avec des encres végétales et réalisé sous l'éco-label FSC qui assure que la production d'un produit à base de bois a respecté des procédures garantissant la gestion durable des forêts.*

Édition originale canadienne : *Le jardinage éconologique* © Éditions MultiMondes, 2004

Édisud, un éditeur de la Compagnie des éditions de la Lesse
Tél. : 04 42 21 61 44 – Fax : 04 42 21 56 20
www.edisud.com – info@edisud.com

ISBN 978-2-7449-0856-9

# Remerciements

Si ce livre a pu voir le jour, c'est grâce à la contribution ou à l'influence de plusieurs personnes. Je tiens donc à remercier chaleureusement :

les nombreux participants à mes cours, conférences et ateliers, qui, par leurs commentaires ou leurs interrogations, m'ont permis d'optimiser mon expertise en jardinage écologique ;

Jacques Allard et Carole Cloutier qui m'ont gracieusement prêté certaines de leurs photos ;

Louise Allard, Diane Lortie, Louise Quilliam et Marie Simard, mes amies lectrices qui ont passé de longues heures à lire et à commenter mes écrits ;

Jean Denis Brisson, cet infatigable scientifique, qui m'a offert son expertise pour le chapitre traitant des ravageurs et des maladies ;

Yves Gagnon, dont les livres et les ateliers sur le jardinage écologique demeurent pour moi la référence dans le domaine au Québec ;

Roll Grenier qui a ouvert pour moi la voie du jardinage écologique dans la région de Québec ;

Larry Hodgson, ce jardinier paresseux qui a gentiment accepté de préfacer ce document et dont j'admire les multiples connaissances horticoles ;

Dominik Legaré qui m'a révélé, il y a plusieurs années, les secrets du compostage domestique ;

Serge Mongeau, le père de la simplicité volontaire, dont les livres et les conférences m'ont permis de confirmer des liens étroits entre l'écologie et l'économie ;

Lise Morin et Jean-Marc Gagnon qui ont cru en mon projet et qui m'ont assistée dans toutes les étapes de cette première expérience d'édition ;

Michel Renaud, pour son enseignement passionné de l'aménagement paysager écologique ;

Édith Smeesters dont les généreux conseils d'auteure et les encouragements tout au long de la phase d'écriture (même durant la période des Fêtes) m'ont permis de garder le cap sur mon projet et de découvrir une amie ;

Anne-Hélène Michaud-Deschênes, ma fille bien-aimée dont les commentaires de novice et la participation comme figurante dans l'élaboration de ce document m'ont été précieux ;

Paul Gamache, mon conjoint, assistant informatique et figurant. Merci Paulo de m'avoir servi la tisane durant mes longues soirées d'écriture, mais surtout pour m'avoir soutenue malgré mes humeurs qui ont passé plus d'une fois de l'enthousiasme au découragement depuis un an.

Sincères mercis à tous. Il y a un peu de vous dans ce livre.

L. M.

# Préface

Je profite de la sagesse et de l'expérience de Lili Michaud sur la culture écologique depuis très longtemps en assistant à ses conférences et en lisant ses écrits dans divers médias de la région de Québec. Je confesse sans gêne que plusieurs des idées du jardinier paresseux que je partage avec mes auditeurs lors de mes conférences et avec les lecteurs de mes chroniques et de mes livres ont été fortement influencées par M$^{me}$ Michaud, sinon carrément pigées parmi les siennes. Je lui en donne entièrement le crédit ! Mais ses idées ne rejoignaient jusqu'à présent qu'un petit nombre de personnes intéressées. Il était donc indispensable qu'elle prenne le temps de coucher ses connaissances sur papier de façon à les diffuser à un public plus large.

Quel plaisir donc de découvrir le jardinage « éconologique » dans sa totalité ! Ce livre est rempli non seulement de trucs des plus pratiques pour le jardinier amateur et professionnel, mais aussi, et peut-être avant tout, de « gros bon sens ». En suivant ses conseils, non seulement pouvez-vous vous attendre à un excellent succès dans le jardinage, mais aussi à une meilleure vie pour vous, votre famille et vos voisins, une vie où le respect de l'environnement n'est pas qu'un concept vague, mais un élément pratique intégré à vos activités de tous les jours.

Ce livre traite de tous les aspects du jardinage, des amendements de sol au compostage, en passant par l'entretien de la pelouse, les semis de légumes et d'annuelles... et beaucoup plus encore. Si l'environnement vous tient à cœur et si le jardinage est votre passion, je pense que ce livre deviendra votre bible. Je sais qu'il va m'influencer énormément et j'espère que vous allez y apprendre autant sur le jardinage « éconologique » que j'ai pu le faire moi-même.

Bonne lecture !

Larry Hodgson, *Le jardinier paresseux*

# Avant-propos

J'ai vécu mon enfance dans une petite maison de campagne sobre et proprette qui était entourée d'un terrain dont mes parents prenaient grand soin. En fait, ils aménageaient et entretenaient celui-ci tout en respectant la nature (même si ce concept n'était pas connu, à l'époque). Ainsi, mes frères, mes sœurs et moi-même profitions d'un environnement sain et diversifié avec la présence d'arbres majestueux, de nombreux arbustes à fleurs et à fruits, d'un potager et de fleurs. Mais nous bénéficiions également d'une piscine réalisée avec une immense cuve qui provenait d'une fromagerie et d'une petite maisonnette avec eau courante et corde à linge construite par mon père et mes grands frères, à partir de matériaux récupérés. Nous passions toutes nos journées d'été à jouer dans cette formidable cour aux mille trésors qui attirait également tous les enfants du village. Croquer à belles dents dans les petites carottes fraîchement cueillies dans le potager de mon père, humer le parfum enivrant des pivoines de ma mère et sauter dans les jolies feuilles colorées de l'automne sont pour moi des souvenirs d'enfance associés à de grandes joies.

J'imagine que ces heureuses expériences auront été déterminantes pour moi, puisque dès l'adolescence, j'ai commencé à m'intéresser à la vie et à la santé sous toutes ses formes. Ainsi, mes préoccupations m'ont dirigée tout naturellement vers la profession d'infirmière puis, un peu plus tard, vers celle d'agronome écologiste qui me permet aujourd'hui de promouvoir la santé des plantes conjointement avec la santé des humains et de l'environnement.

Parallèlement à mes activités professionnelles, j'ai adopté naturellement les principes écologiques dès mes premières expériences de jardinage. Mes connaissances scientifiques associées à mes expériences m'ont permis de comprendre (en partie) mais surtout d'apprécier le plaisir de travailler de connivence avec (et non contre) la nature. Ainsi, le jardinage est devenu pour moi, bien plus qu'un simple loisir, une réelle façon de vivre sainement et agréablement et… un gagne-pain.

Mes expériences en tant que jardinière et formatrice m'ont amenée à faire une agréable découverte : le jardinage écologique a des répercussions économiques positives tant sur le plan individuel que collectif. De là m'est venue l'idée de désigner ce type de jardinage du qualificatif « éconologique » qui inclut à la fois une partie du mot « économique » ainsi que le mot « écologique ». Bien sûr, vous ne trouverez pas ce terme dans les dictionnaires, même s'il fait partie de mon vocabulaire et de celui des gens qui m'entourent, depuis quelques années. Mais, une fois que vous aurez lu ce livre, j'imagine que vous l'adopterez également.

Le jardinage « éconologique » est basé principalement sur les grands principes du jardinage écologique. Il préconise de saines habitudes de jardinage qui peuvent contribuer à maintenir la santé de nos plantes et de l'environnement tout en ayant des effets positifs sur notre portefeuille.

Dans ce livre, qui est basé non seulement sur mes propres expériences, mais aussi sur celles des nombreux jardiniers que j'ai rencontrés lors de mes conférences, vous apprendrez comment vous faire allié de la nature plutôt que de vous battre contre elle.

Vous serez en mesure de comprendre l'importance de connaître et de dorloter votre sol qui est le centre névralgique de tout ce qui se passe dans le jardin. En consultation, je compare souvent ma tarière qui sert à évaluer la qualité du sol au stéthoscope que le médecin utilise pour ausculter le cœur et les poumons de ses patients.

Vous apprendrez comment nourrir sainement votre sol à l'aide des amendements et des engrais naturels, mais surtout à partir de votre propre compost que l'on surnomme « l'or brun du jardinier ». Et pour cause, la fabrication du compost domestique est à mon sens la pratique la plus « éconologique » qui soit. Si vous avez l'habitude de jeter aux rebuts une quantité impressionnante de matière organique (feuilles, résidus de cuisine et de jardin) pour vous précipiter ensuite à la jardinerie et acheter des sacs de compost et de paillis, vous réaliserez sans doute l'illogisme de cette pratique.

L'entretien de la pelouse tel qu'il vous sera présenté dans ce livre risque de différer grandement des pratiques conventionnelles qui vous ont été inculquées par le passé. Ces pratiques qui reposent sur un concept de pelouse plus ou moins artificielle de type « vert de golf » impliquent l'utilisation des engrais chimiques et des pesticides qui sont nocifs pour la santé et pour l'environnement. De plus, leur utilisation entraîne des interventions secondaires, donc des dépenses. Si ce n'est déjà fait, il est grand temps que vous entrepreniez la transition vers l'entretien écologique de votre pelouse, pour enfin sortir du cercle vicieux du chimique.

L'une des pratiques reconnue comme étant économique consiste à cultiver des plantes utiles comme les plantes légumières et aromatiques. Et c'est sans compter le bonheur de profiter de la fraîcheur et de la qualité de ces aliments durant la belle saison et d'en bénéficier, tout le reste de l'année, grâce à la conservation.

L'acquisition des végétaux est très souvent source de dépenses et de frustrations importantes. Il n'y a rien de surprenant à cela puisque la majorité des jardiniers (dont je suis) sont des passionnés. Nous pouvons difficilement entrer dans une jardinerie pour y acheter un sachet de semence sans ressortir avec une ou plusieurs plantes dont nous n'avions pas prévu l'achat. Malheureusement, de retour à la maison, nous réalisons parfois que la jolie plante n'est pas adaptée aux conditions environnementales de notre jardin ou, pire encore, qu'il s'agit d'une plante problématique qui risque d'entraîner des interventions coûteuses ou de se retrouver à la poubelle. Pour faire des achats sensés, qu'il s'agisse d'arbres, d'arbustes, de vivaces, d'annuelles ou de toutes autres plantes, vous apprendrez qu'il est plus sage de planifier son aménagement et d'établir certains critères de sélection (les conditions environnementales, la rusticité et la résistance aux insectes et aux maladies, etc.) avant de se rendre à la jardinerie.

Vous apprendrez également qu'il est rentable de cultiver non seulement des plantes, mais aussi votre patience. Ainsi, certaines pratiques comme la récolte des semences, le semis et le bouturage vous permettront de faire des économies appréciables si vous êtes patient. La nature aime prendre son temps… faites de même.

Concernant les ravageurs et les maladies, vous constaterez avec bonheur que vous aurez rarement à intervenir de façon curative si vous adoptez les principes de base du jardinage « éconologique » qui sont axés sur des pratiques préventives telles que la biodiversité. Et moins d'interventions supposent aussi moins de gaspillage en temps et en argent.

Je suis toujours un peu surprise de constater que certains jardiniers dépensent des fortunes pour acquérir toutes sortes d'outils, d'accessoires ou d'ornements de jardin qui encombrent le cabanon ou le garage et finissent par se retrouver aux ordures, faute d'être vraiment utiles. Nous vivons dans une société de surconsommation qui nous enseigne, à grand renfort publicitaire, que le bonheur réside dans l'acquisition du tout dernier gadget ou de l'ameublement de jardin dernier cri. Pourtant, lorsqu'on prend le temps de se centrer sur ses réels besoins, on réalise qu'il est grandement plus valorisant de consommer intelligemment et de récupérer plutôt que de céder continuellement au réflexe du « achetez et jetez » qui n'est pas sans conséquences sur la santé de notre planète.

Enfin, puisque les principes du jardinage « éconologique » impliquent moins de dépenses, vous pourrez réduire votre temps de travail rémunéré et aurez ainsi plus de temps à consacrer à votre loisir préféré, le jardinage.

Si, comme moi, vous appréciez autant « jouer dans votre cour », vous profiterez des solutions « éconologiques » qui vous sont présentées dans ce livre. Et vous comprendrez qu'en plus d'être écologique et économique, le « jardinage éconologique », c'est une question de logique.

# Le sol

## Le connaître et le dorloter, un investissement rentable

1

Le sol est d'une importance capitale en jardinage écologique. Trop souvent considéré, en horticulture conventionnelle, comme un simple support pour la culture des végétaux, le sol est en fait le centre névralgique d'un jardin écologique. Si ce n'est déjà fait, vous devriez faire connaissance avec le sol de votre jardin. Ainsi, vous serez en mesure de le soigner adéquatement et, avec le temps, vous constaterez que d'un sol en santé résultent des plantes en santé. Un investissement rentable, n'est-ce pas ?

### *Sol ou terre...*

**Le sol se définit comme un ensemble d'éléments solides, liquides et gazeux. La partie solide est constituée de particules minérales et organiques, la partie liquide comprend l'eau et les éléments minéraux dissous, alors que la partie gazeuse se compose de l'air et des gaz produits par la décomposition de la matière organique.**

**En langage courant, on utilise fréquemment le mot terre pour décrire le sol. En réalité, la terre correspond à la partie solide du sol.**

## Apprendre à connaître son sol

L'usage courant veut que, pour acquérir des informations concernant votre sol, vous devriez en faire analyser les constituants par un laboratoire. Bien que cette pratique soit parfois utile comme on le verra plus loin, l'observation, de même que des petits tests simples, pourront vous fournir des renseignements tout aussi pertinents, et ce, sans que vous n'ayez à débourser un sou.

Quoique rarement inclus dans les analyses de sol de base, le type de sol est une information très utile en jardinage écologique. Avec un peu d'expérience, il est possible de le déterminer par l'observation. Le type de sol fait référence à sa texture, qui est en fait la grosseur des particules minérales qui le composent. On dira qu'un sol est argileux (synonyme de sol glaiseux), lorsque la majorité de ses particules minérales sont très fines (0,002 mm et moins). Il sera plutôt question d'un sol sableux lorsque celui-ci contient principalement des particules grossières (0,02 à 2 mm) et finalement de sol limoneux si la grosseur de ses particules se situe à mi-chemin entre l'argile et le sable (0,002 à 0,02 mm).

Il est plutôt rare qu'un sol soit constitué à 100 % d'un seul type de particules minérales. Heureusement, car vous n'aimeriez pas cultiver sur un sable de plage pas plus que sur une argile de potier. Habituellement, un sol comprend des quantités variables de sable, de limon et d'argile, mais c'est la

**Quel est votre type de sol ?**

| | SOL SABLEUX | SOL LIMONEUX | SOL ARGILEUX | SOL DE TYPE « LOAM » |
|---|---|---|---|---|
| **Infiltration d'eau** | Bonne (se réchauffe rapidement au printemps) | Moyenne | Pauvre | Moyenne |
| **Rétention d'eau** | Pauvre | Moyenne | Bonne (se réchauffe tard au printemps) | Moyenne |
| **Fertilité** | Pauvre | Bonne | Très bonne | Bonne |
| **Aération** | Bonne | Moyenne | Pauvre | Moyenne |
| **Malléabilité et autres caractéristiques** | Bonne Glisse entre les doigts lorsqu'il est sec | Moyenne Salit les mains | Pauvre Tendance à se compacter et à coller aux instruments | Moyenne |

proportion de ces particules qui en fera un sol plutôt argileux, sableux ou limoneux. Le sol idéal pour la culture est parfois surnommé « loam » ou « terre franche ». Il est constitué de 40 à 60 % de sable, 30 à 50 % de limon et 15 à 25 % d'argile.

Mais, ne vous inquiétez surtout pas si votre sol n'est pas un « loam », car avec des soins appropriés, la majorité des sols ont le potentiel pour devenir fertiles.

À l'aide des caractéristiques indiquées dans le tableau ci-dessus, vous devriez être en mesure de déterminer approximativement votre type de sol. Une autre façon d'en apprendre sur le sol est d'observer les plantes qui y poussent spontanément. Ces plantes, qu'on appelle à tort des mauvaises herbes (voir encadré), sont considérées comme des **plantes indicatrices** puisqu'elles nous renseignent sur les caractéristiques de notre sol. Ainsi, la présence de plusieurs spécimens de plantain (*Plantago major*) suppose que le sol est compacté, alors que celle de plants de fraisier sauvage (*Fragaria virginiana*), d'épervière orangée (*Hieracium aurantiacum*) et de petite oseille (*Rumex acetosella*) est un indice que le sol est acide. Enfin, lorsqu'on observe le chénopode blanc (*Chenopodium album*), oh bonheur ! c'est que le sol est riche.

## Les analyses de sol

Une analyse de sol effectuée en laboratoire peut être utile lors de l'implantation d'un nouveau jardin et d'une nouvelle pelouse ou lorsque le sol semble peu fertile sans qu'on ne puisse en déterminer la cause. Un service d'analyse de sol de base est habituellement offert dans la plupart des jardineries.

Plantain

Épervière orangée « Hieracium aurantiacum »

Chénopode blanc « Chenopodium album »

## Des mauvaises herbes… pas si mauvaises que ça !

Il est d'usage courant d'utiliser le terme « mauvaises herbes » pour décrire les plantes qui poussent spontanément dans nos jardins sans y être « invitées ». Pourtant, aucune plante ne peut être réellement qualifiée de « mauvaise ». En fait, le seul reproche qu'on peut faire à certaines plantes est de pousser au mauvais moment ou au mauvais endroit. D'ailleurs, plusieurs de ces plantes possèdent des caractéristiques intéressantes. Même le pissenlit, souvent considéré comme l'ennemi numéro un des pelouses, possède des qualités appréciables. En effet, ses jeunes feuilles font d'excellentes salades, ses fleurs peuvent être utilisées pour fabriquer du vin et ses racines ont des propriétés médicinales reconnues. D'ailleurs, si vous désirez faire la culture du pissenlit, sachez que vous pourrez vous procurer des semences auprès de certains fournisseurs… Dans le présent document, on utilisera plutôt le terme « adventice » qui est plus approprié pour définir, de façon générale, une plante qui croît sur un terrain cultivé sans y avoir été semée ou plantée.

Pour effectuer l'échantillonnage, déterminez d'abord les secteurs à analyser : pelouse avant, pelouse arrière, potager ou autre secteur ayant une surface maximale de 250 mètres carrés. Pour chacun des secteurs, s'il y a lieu, effectuez un échantillonnage qui comprendra un minimum de cinq prélèvements. À l'aide d'une truelle propre, recueillez le sol à une profondeur

variant entre 5 et 15 cm, déposez les prélèvements d'un même secteur dans un seau propre et mélangez. Enlevez les cailloux et les débris organiques et recueillez approximativement une demi-tasse du mélange que vous mettrez dans un petit sac de plastique préalablement identifié au secteur déterminé (c'est ce qui constitue l'échantillon). Répétez l'opération, au besoin, pour les autres secteurs en prenant soin de nettoyer la truelle et le seau entre chaque secteur. Apportez le ou les échantillons recueillis, sans trop tarder, dans un centre de jardinage.

Les résultats d'une analyse de sol de base nous informent habituellement sur le pH, le taux de phosphore et de potassium et parfois sur le taux de matière organique du sol. Pour pallier les carences, s'il y en a, assurez-vous que les recommandations suggérées ne comprennent que des amendements et des engrais naturels (voir chapitre suivant).

Enfin, des analyses de sol plus poussées effectuées par des laboratoires spécialisés peuvent fournir des informations plus spécifiques telles que le taux d'azote, le type de sol, l'activité biologique, la potentiel de fertilité du sol, etc. Ces analyses, souvent très coûteuses, sont difficilement accessibles et peu justifiées pour le jardinier amateur.

## Le pH du sol

Le pH du sol correspond au degré d'acidité ou d'alcalinité de ce dernier. On dit d'un sol qu'il est acide lorsque la valeur de son pH est inférieure à 7, qu'il est alcalin (ou basique) lorsqu'il est supérieur à 7 et enfin qu'il est neutre lorsqu'il se situe autour de 7. Quoique la majorité des plantes s'accommodent d'un pH situé entre 6 et 7, il existe un pH optimal pour chaque espèce de plante. Lorsque le pH est trop acide ou trop alcalin (ce qui est plus rare), l'assimilation des éléments minéraux par la plante se fait difficilement et, de plus, les micro-organismes survivent péniblement.

Pour mesurer le pH du sol, il existe des appareils domestiques vendus entre 7 € et 14 €. Ces appareils sont souvent peu précis et ne justifient pas l'investissement. Quant aux pH-mètres professionnels, il faut prévoir un minimum de 70 €. Alors, à moins que vous ne décidiez de vous lancer dans la production, il est plus « éconologique » d'observer les végétaux qui poussent spontanément ou de procéder à une analyse de sol, pour vérifier le pH, lorsque c'est absolument nécessaire.

0 .................................... 7 .................................... 14

.................... Acide ........... Neutre ............ Basique (alcalin) ........

# Le sol : un milieu de vie

En jardinage écologique, plusieurs des interventions (travail du sol, apports d'amendements et d'engrais naturels, etc.) visent à redonner ou à conserver la santé du sol. Et un sol en santé, c'est avant tout un sol vivant, c'est-à-dire un sol qui héberge une grande quantité d'organismes qui par leurs actions combinées vont contribuer à offrir les conditions propices à la culture des plantes. Jardiner écologiquement, c'est donc accepter et encourager la présence des organismes du sol, ces travailleurs bénévoles infatigables que sont les vers de terre, les insectes et les micro-organismes.

## Les vers de terre

Les vers de terre sont sans contredit les alliés les plus extraordinaires du jardinier. Ils digèrent continuellement la terre et la matière organique, rendant ainsi les éléments minéraux disponibles pour les plantes. Un ver de terre digère 250 fois son propre poids à chaque année. De plus, les vers jouent un rôle mécanique en mélangeant les constituants du sol tout en se déplaçant. Enfin, ils creusent des galeries, ce qui augmente la porosité du sol, favorise le drainage et facilite le développement des racines.

## Les insectes, les mille-pattes, les acariens, les nématodes

Parmi les organismes tels les insectes, les mille-pattes, les acariens et les nématodes, plusieurs sont utiles parce qu'ils décomposent la matière organique ou encore parce qu'ils contrôlent la prolifération de certains ravageurs. À propos de ces derniers, nous verrons, dans le chapitre 10, comment il est possible de les contrôler de manière écologique.

## Les micro-organismes

Les micro-organismes du sol sont les bactéries, les champignons, les actinomycètes et les algues microscopiques. Le travail de plusieurs d'entre eux consiste à dégrader et décomposer les matières organiques telles que les débris végétaux et les fumiers animaux. Ils contribuent ainsi à la formation de l'humus qui est en fait l'entrepôt d'éléments minéraux utiles pour les plantes.

Certains micro-organismes sont spécialisés dans l'extraction des éléments minéraux de la roche inerte afin de rendre ceux-ci assimilables par la plante. D'autres ont la capacité de fixer l'azote atmosphérique, lorsqu'ils sont associés à certaines plantes. C'est le cas des bactéries fixatrices d'azote. Enfin les mycorhizes, qui sont en fait des champignons microscopiques, favorisent l'absorption des éléments minéraux, en multipliant le système racinaire.

## Les règles de base pour conserver ou améliorer la santé du sol

Pour conserver et améliorer la santé du sol, vous devriez respecter les règles de base suivantes :

- évitez l'usage des pesticides les plus toxiques et des engrais chimiques ;
- abstenez-vous de circuler sur le sol lorsqu'il est humide ;
- ne laissez pas le sol à nu pendant de longues périodes. Si vous ne pouvez y établir une culture rapidement, couvrez le sol d'un paillis organique ou cultivez-y un engrais vert (voir chapitre 2, *Les amendements et les engrais naturels : pas si chers que ça*) ;
- aménagez des plates-bandes (ou des planches pour le potager) dont les surfaces seront réservées exclusivement à la culture des végétaux ;
- effectuez les travaux du sol au bon moment et seulement lorsque nécessaire ;
- à la suite de vos observations et lorsque nécessaire, utilisez des amendements organiques tels que le compost ou des amendements calcaires comme la chaux (voir chapitre 2 *Les amendements et les engrais naturels : pas si chers que ça*) ;
- utilisez seulement des engrais 100 % naturels (voir chapitre 2 *Les amendements et les engrais naturels : pas si chers que ça*).

*« On a recensé dans les sols vivants jusqu'à 1 milliard de micro-organismes par gramme de terre. »**

**Pensez à cela la prochaine fois que vous vous déplacerez sur votre pelouse ou dans votre jardin. Vous serez sans doute tenté d'y marcher sur la pointe des pieds.**

* Tiré de *La culture écologique pour petites et grandes surfaces* de Yves Gagnon, page 88.

## Les pratiques adaptées en fonction du type de sol

De façon plus spécifique, certaines interventions devront être adaptées en fonction du type de sol et de vos observations.

### Sols sableux

Parce qu'ils se drainent à l'excès, les sols sableux auront besoin d'un apport d'eau important et régulier. L'utilisation d'un paillis organique est grandement recommandée pour pallier le problème de la conservation de l'eau du sol. Puisque ces sols sont pauvres et que la matière organique s'y dégrade rapidement, vous aurez avantage à faire des apports réguliers de compost et à ne pas travailler excessivement ce type de sol.

### Sols argileux

Les sols argileux ont un potentiel de fertilité très élevé. En revanche, s'ils ne sont pas associés à de la matière organique, les éléments minéraux qu'ils contiennent sont difficilement disponibles. De là, l'importance de faire des apports de compost. Parce qu'ils se drainent mal et qu'ils se compactent facilement, les sols argileux ne devraient pas être travaillés lorsqu'ils sont humides.

## Sols limoneux ou « loam »

Ces types de sols ne possèdent ni les avantages ni les inconvénients des sol sableux ou argileux.

Même s'ils n'ont pas de besoins particuliers, ces types de sols bénéficient de soins de base afin de maintenir leur fertilité. C'est le sol idéal pour la culture de la plupart des plantes.

## Sols compactés

Si vous observez que le sol de vos plates-bandes ou de votre potager est compacté, certaines interventions s'imposent. Habituellement, les apports de compost combinés au travail du sol et (ou) à la culture d'engrais verts vous permettront de redonner à votre sol toute sa vigueur. Et ne sous-estimez pas le travail des vers de terre, mais soyez patient. Vous en serez récompensé le jour où vous récolterez ces splendides carottes dans une terre qui avait plutôt l'allure d'un bloc de ciment à l'origine. Par ailleurs, lorsqu'il s'agit du sol de votre pelouse, l'aération suivie d'un terreautage au compost sera grandement bénéfique (voir chapitre 4 *La pelouse : sortir du cycle infernal du chimique pour économiser temps et argent*).

## Mauvais drainage (excès d'eau)

Si votre sol évacue très lentement l'eau au printemps ou après une pluie, vous avez tout avantage à corriger cette situation, car la majorité des plantes n'apprécient pas avoir les pieds dans l'eau. Ainsi, pour améliorer le drainage de surface, l'aménagement de planches surélevées fait habituellement toute la différence (voir chapitre 5 *Le potager : produire des légumes sains et économiser*). Si le problème semble généralisé sur votre terrain, c'est peut-être que le terrassement n'a pas été effectué correctement. Normalement, on devrait s'assurer que le terrain présente une légère pente (au minimum 2 %) se dirigeant vers la rue. Dans les cas extrêmes, il faudra peut-être creuser des fossés ou poser des drains, quoique ces solutions ne soient pas très écologiques, puisque lors d'orage, l'eau se précipite trop rapidement dans les conduites des égouts.

Enfin, si le problème vous semble insoluble, pourquoi ne pas entrevoir la possibilité d'aménager un jardin aquatique ou un jardin pluvial… ?

## Sols acides

De façon générale, les sols acides ont un pH plus bas que 6,5. Plusieurs causes peuvent être à l'origine d'un problème d'acidité du sol. Ainsi, un mauvais drainage, comme on vient tout juste de le voir, l'utilisation de certains engrais chimiques, et également la présence de conifères dont les aiguilles tombent sur le sol sont tous des facteurs qui contribuent à acidifier le sol. Enfin, les pluies acides accentuent aussi le problème.

Si votre sol est acide, deux stratégies sont possibles. La première consiste à cultiver des plantes qui apprécient un sol acide. C'est le cas des conifères, des rhododendrons, de plusieurs petits fruits tels que les bleuets et de certaines vivaces.

Quant à la seconde stratégie, elle comporte une première étape qui consiste à intervenir sur la cause lorsque c'est possible (mauvais drainage, utilisation d'engrais chimiques) et par la suite à procéder à la correction. Pour ce faire, vous devrez utiliser un amendement calcaire comme la chaux dolomitique ou la cendre de bois (voir chapitre 2 *Les amendements et les engrais naturels : pas si chers que ça*). Cet ajout devrait se faire à l'automne ou tôt au printemps. Puisqu'il n'est ni possible, ni souhaitable d'augmenter le pH d'un sol trop rapidement, vous devrez dans certains cas (lorsque le pH est très bas) faire des apports d'amendements calcaires durant deux ou trois années consécutives. Par la suite, le fait d'adopter de saines pratiques, par exemple l'utilisation du compost, devrait maintenir le pH à un taux acceptable.

### Sols alcalins

Les sols alcalins (ayant un pH élevé) sont moins communs que les sols acides, mais non moins problématiques. Pour corriger un sol légèrement alcalin, utilisez des aiguilles de conifères comme paillis ou mélangez-les au compost. Dans les cas plus importants, mélangez de la mousse de tourbe au sol ou pulvérisez-y du soufre de jardin.

## Acheter de la terre : un réflexe... pas toujours justifié

Si vous vous apprêtez à aménager une nouvelle plate-bande de vivaces ou un potager, il se peut que votre premier réflexe soit d'acheter de la terre. Pas étonnant, puisque la majorité des jardiniers ont cet automatisme. Pourtant, cette pratique de consommation n'est pas toujours justifiable lorsqu'on cultive en pleine terre. De cette façon, on ignore ni plus ni moins les qualités du sol déjà en place et on risque d'importer certains problèmes avec une terre parfois de moindre qualité que celle qui est en place, en plus de délester inutilement notre portefeuille de son contenu.

Bien entendu, comme il en a été question précédemment, le sol a une importance capitale en jardinage écologique, mais encore faut-il qu'il soit présent.

Ainsi, il est à espérer que, lors du terrassement de votre terrain, votre entrepreneur, vous-même ou votre prédécesseur ayez pris soin de recouvrir la terre de remplissage d'une couche minimale de 15 cm de bonne terre arable. Malheureusement, dans le cas des constructions récentes, c'est une pratique qui n'est pas toujours respectée.

En revanche, si votre maison a été construite depuis plus d'une vingtaine d'années, il y a de fortes chances que votre terrain ait bénéficié d'une couche de bonne terre ou, mieux, que la terre d'origine ait été conservée. Et puisque plusieurs maisons de banlieue ont été construites sur des terres ayant un bon potentiel agricole, pourquoi ne pas en profiter ?

Alors, à moins que vous vous trouviez en présence d'un sol totalement inapproprié pour la culture tel un sol très pierreux ou une terre de remplissage, il y a de bonnes chances que des soins appropriés (se reporter à la section précédente et au chapitre suivant) redonnent à votre sol toute la vigueur nécessaire pour y cultiver avec succès vos plantes préférées. D'ailleurs, croyez-vous que les agriculteurs ajoutent de la terre à leurs champs... ?

Et si vous croyez quand même avoir besoin de nouvelle terre, posez-vous d'abord ces questions :

- Est-ce que le sol en place est vraiment mauvais ?
- Est-ce qu'un apport de compost ne serait pas plus avantageux ?
- Est-ce que l'épaisseur de bonne terre est suffisante (au moins 15 cm au-dessus de la terre de remplissage) ?

Par la suite, si vous considérez que votre achat est justifié, vous devrez prendre certaines précautions. Informez-vous sur les constituants de la terre. Est-ce une bonne terre arable principalement minérale ou est-ce un mélange de sable et de compost qui, sans être idéal, peut être une solution intéressante surtout si le sol en place a une forte teneur en argile ? Renseignez-vous sur la provenance de la terre.

Si vous soupçonnez qu'elle peut provenir du creusage des fossés, abstenez-vous de l'acheter puisque cette terre peut contenir des quantités de métaux lourds nuisibles pour vos plantes.

Si vous le pouvez, évitez la terre noire. Malgré ce qu'on pourrait croire, la terre noire a plusieurs défauts. Elle est souvent acide, a tendance à se compacter et est peu fertile. Optez plutôt pour de la terre à jardin ou à pelouse selon l'utilisation prévue et ne lésinez pas sur la qualité. Vous ne ferez pas d'économie en achetant de la terre de piètre qualité, car vous risquez d'en subir les conséquences.

Effectivement, il n'est pas rare de constater qu'avec l'introduction de la nouvelle terre on amène également des insectes ravageurs, des semences de plantes indésirables et même, oh malheur ! des rhizomes de plantes envahissantes telles que la prêle des champs (*Equisetum arvense*). À propos de cette dernière, votre seule consolation sera d'avoir la possibilité de vous en faire un fongicide maison (voir chapitre 10 *Les ravageurs et les maladies : prévenir plutôt que guérir*).

Quant aux terreaux (mélanges de substrats de culture tels que la tourbe de sphaigne, perlite, vermiculite…), ils sont souvent très coûteux et non justifiés pour la culture en pleine terre. On devrait les utiliser exclusivement pour la culture en contenants. Ce sujet sera d'ailleurs traité dans le chapitre 9.

# Le sol : le connaître et le soigner, un investissement rentable

Si vous en doutiez, soyez-en maintenant assuré: le sol est primordial en jardinage écologique. Il importe donc de le connaître, de le respecter et de le soigner convenablement.

D'ailleurs, tous les types de sols ont la possibilité de devenir fertiles, s'ils reçoivent des soins appropriés.

Comme nous l'avons constaté précédemment, différentes interventions peuvent être utiles pour redonner à un sol toute la vigueur nécessaire à la culture de vos plantes. Ces interventions seront traitées plus à fond dans les chapitres suivants.

Ainsi, il sera largement question de l'utilisation du compost et des autres amendements, de l'utilisation des engrais naturels, du travail du sol, de la rotation, etc.

Mais, les résultats concrets de ces interventions se feront parfois attendre. Un sol qui a été négligé ou sur lequel on a utilisé des pesticides et des engrais chimiques peut requérir de trois à cinq ans avant de retrouver sa pleine vigueur.

Soyez donc patient, car tous les efforts que vous mettrez pour améliorer la vigueur de votre sol vous seront rendus au centuple dans quelques années. C'est ce qu'on appelle un investissement rentable.

# Les amendements et les engrais naturels

## Pas si chers que ça !

Les amendements sont des matériaux qu'on apporte au sol dans le but d'en améliorer les propriétés, alors que les engrais sont des substances qu'on utilise pour répondre aux besoins spécifiques d'une culture ou pour corriger une carence en éléments minéraux.

Contrairement à la pratique courante qui consiste à nourrir directement la plante à l'aide d'engrais chimiques (de synthèse), en jardinage écologique on nourrit le sol, en lui apportant des amendements et des engrais naturels. Ces derniers seront, pour la plupart, transformés par les organismes du sol, pour ensuite être absorbés par la plante, selon ses besoins. On encourage ainsi le processus normal de nutrition des plantes, tel qu'il se produit dans un milieu naturel, sans interventions humaines, comme c'est le cas dans une forêt. Cette méthode offre plusieurs avantages tant sur le plan économique qu'écologique.

# Les amendements

Les amendements sont des ingrédients utilisés en horticulture pour conserver ou améliorer les qualités physiques, chimiques ou biologiques du sol. On les classe habituellement en deux catégories : les amendements organiques et les amendements calcaires.

## Les amendements organiques

Les amendements organiques utilisés en horticulture sont le compost, le paillis, le fumier, la tourbe et l'engrais vert.

### Le compost

Le compost est sans contredit l'amendement par excellence, puisqu'il permet d'améliorer le sol aux points de vue chimique, physique et biologique. Parmi les interventions courantes en jardinage écologique, l'ajout de compost est sans doute la plus pertinente car celui-ci :

- sert de substance nutritive pour la petite faune du sol que sont les vers de terre et les micro-organismes. Ces derniers transforment cette matière, afin qu'elle puisse être assimilable par les plantes ;
- améliore la rétention d'eau des sols sableux. L'eau, si essentielle aux plantes, sera ainsi utilisée par ces dernières, plutôt que lessivée vers la nappe phréatique ;
- favorise l'aération des sols argileux. Ces derniers ont une forte tendance à se compacter. Cependant, lorsqu'on ajoute du compost, on modifie la structure du sol (le mode d'assemblage des éléments qui le composent). La structure devient grumeleuse, laissant des espaces d'air indispensables à la petite faune et rendant plus facile la pénétration des racines ;
- aide à stabiliser le pH du sol à un point relativement neutre, ce qui favorise la culture de la majorité des plantes ;
- produit des phyto-hormones naturelles en se décomposant, permettant ainsi une protection supplémentaire pour nos plantes ;
- rend plus foncés les sols qui en reçoivent régulièrement. Ils se réchaufferont donc plus rapidement au printemps.

### Le compost : le faire ou l'acheter ?

L'activité de jardinage la plus « éconologique » qui soit est, sans contredit, la fabrication du compost domestique.

Les avantages de fabriquer son propre compost, plutôt que de l'acheter, sont indéniables. Que ce soit pour économiser en fabriquant un produit utile à un coût presque nul, pour poser un geste concret dans la protection de l'environnement en diminuant le volume de nos déchets ou encore pour exercer un contrôle sur les intrants, donc sur la qualité du produit, toutes les raisons sont bonnes pour fabriquer son propre compost.

C'est d'ailleurs pourquoi le prochain chapitre sera entièrement consacré au compostage domestique.

Toutefois, si pour diverses raisons, vous deviez vous procurer du compost commercial, voici quelques recommandations qui vous guideront dans votre achat.

- Optez pour la qualité. Le moins cher n'est pas nécessairement un bon choix tant au point de vue écologique qu'économique.
- Privilégiez l'achat de compost en sac, lorsque la quantité nécessaire le permet. Vous aurez alors accès aux informations relatives à sa composition sur le sac (si aucune information n'y apparaît, abstenez-vous).
- Renseignez-vous sur le taux de matière organique. Celui-ci est habituellement identifié par l'abréviation M.O. Si vous achetez du compost en vrac, informez-vous auprès du vendeur. Optez pour un produit ayant au moins 70 % de matière organique.
- Renseignez-vous sur les ingrédients de base. Choisissez des ingrédients que vous connaissez, tels que fumier, tourbe, copeaux, crevettes, paille.
- Évitez les composts dont les composantes sont imprécises, par exemple ceux portant la mention « fait de matière végétale ». Vous pourriez alors vous retrouver avec un compost fabriqué à partir de rognures de pelouses traitées avec des pesticides.
- Évitez les composts faits à partir de matières bio-solides. Bien que le compostage de ces sous-produits de l'industrie soit souhaitable, ces composts risquent de comporter des métaux lourds qui, à fortes doses, sont nocifs pour la santé. Ils ne devraient donc pas être utilisés dans un sol susceptible de recevoir une culture destinée à la consommation humaine. Toutefois, ces composts peuvent être utilisés sur des pelouses publiques ou pour régénérer des sites industriels, mais ils devraient être évités sur des terrains résidentiels.

## L'utilisation du compost

Mis à part quelques exceptions, le compost est essentiel pour la majorité des plantes. Il sera donc utilisé avantageusement pour le potager, la pelouse, les vivaces, les arbres, les arbustes, les annuelles, les plantes en pots et même les plantes d'intérieur et les semis.

## L'utilisation du compost pour la pelouse

L'utilisation du compost sur une pelouse est une excellente pratique. Cela permet d'offrir une cure de jouvence à une pelouse qui a été entretenue durant plusieurs années avec des pesticides et des engrais chimiques et dont le sol a perdu toute sa vigueur. Le terreautage au compost est une intervention qui consiste à épandre une mince couche de compost sur la pelouse (voir chapitre 4 *La pelouse : sortir du cycle infernal du chimique pour économiser temps et argent*).

## L'utilisation du compost pour les vivaces

La majorité des vivaces ont avantage à recevoir des applications régulières de compost. La quantité variera cependant en fonction de l'exigence de chacune d'elles, comme indiqué dans le tableau ci-dessous. Lors de la création d'une nouvelle plate-

**Exigence en compost de quelques vivaces**

| VIVACES EXIGEANTES | VIVACES MOYENNEMENT EXIGEANTES | VIVACES PEU EXIGEANTES |
|---|---|---|
| Astilbe (*Astilbe*), barbe de bouc (*Aruncus*), clématite (*Clematis*), pied-d'alouette (*Delphinium*), cœur-saignant (*Dicentra*), heuchère (*Heuchera*), hosta (*Hosta*), miscanthus (*Miscanthus*), phlox des jardins (*Phlox paniculata*), primevère (*Primula*) | Ancolie (*Aquilegia*), aster (*Aster*), campanule (*Campanula*), œillet (*Dianthus*), échinacée (*Echinacea*), iris (*Iris*), lamier (*Lamium*), liatride (*Liatris*), lupin (*Lupinus*), lis (*Lilium*), lysimaque (*Lysimachia*), marguerite (*Chrysanthemum*), pavot (*Papaver*), pivoine (*Paeonia*), rudbeckie (*Rudbeckia*) | Sagine (*Arenaria*), artémise (*Artemisia*), coréopsis (*Coreopsis*), achillée (*Achillea*), deschampsia (*Deschampsia*), hémérocalle (*Hemerocallis*), lavande (*Lavandula*), monarde (*Monarda*), sédum d'automne (*Hylotelephium spectabile*/anc. *Sedum spectabile*), thym (*Thymus*). |

Adapté de la revue *Québec Vert*, octobre 1994.

bande, procédez d'abord au travail du sol tout en éliminant les cailloux et les plantes adventices, puis ajoutez le compost et incorporez-le en surface à l'aide d'un râteau ou d'une griffe. Pour ce qui est des apports ultérieurs de compost, une fois le nettoyage printanier effectué, ajoutez-en entre les plantes en place. Incorporez-le en surface, à l'aide d'une griffe, tout en prenant soin de ne pas briser les racines.

## L'utilisation du compost pour les arbres et les arbustes

Les arbres et les arbustes sont, parmi tous les végétaux du jardin, ceux qui demandent les investissements monétaires les plus importants. Pour protéger ces investissements, l'utilisation du compost est l'une des pratiques les plus indiquées. On utilisera donc le compost dès la plantation, en mélangeant celui-ci à la terre en place (voir chapitre 8 *Les arbres et les arbustes : investir pour l'avenir*). Lors de l'entretien annuel ou bisannuel, appliquez le compost et incorporez-le en surface. Puis ajoutez un paillis organique au besoin.

## L'utilisation du compost au potager

Puisque l'exigence en compost est très variable d'une plante légumière à l'autre, il est pratique et économique de regrouper, par secteurs, les plantes qui ont les mêmes exigences. Ainsi, on maximisera l'utilisation du compost tout en facilitant la rotation (voir le tableau des plantes légumières selon leurs exigences en compost dans le chapitre 5 *Le potager : produire des légumes sains et économiser*).

## L'utilisation du compost pour les plantes d'intérieur et pour la culture des semis

Les plantes d'intérieur et les jeunes semis profitent grandement des bienfaits du compost. Vous aurez toutefois avantage à utiliser du vermicompost de fabrication domestique ou un compost commercial de qualité. Dans ce cas précis, évitez l'utilisation du compost domestique fabriqué au jardin, car vous risqueriez d'introduire des bestioles indésirables dans la maison. Lors de la transplantation, incorporez le compost choisi à votre terreau de plantation en n'excédant pas 30 % (voir chapitre 9, *Les semis intérieurs et la culture des plantes en pots : pour des pratiques éconologiques*).

## Quand doit-on l'appliquer

Les périodes idéales pour appliquer le compost sont soit, tard à l'automne (pour éviter qu'il ne soit lessivé par les pluies automnales) ou au printemps, à partir du moment où l'on peut circuler librement sur le sol. Vous pourrez toutefois utiliser le compost en d'autres temps, mais évitez les périodes de grosses chaleurs.

De plus, abstenez-vous d'ajouter du compost sur les vivaces, à la base des arbres et des arbustes à partir du début d'août, jusqu'à la tombée des feuilles. À cette période de l'année, un surplus d'azote risquerait de compromettre la survie des végétaux à l'hiver.

## Quelle quantité appliquer ?

La quantité de compost à appliquer varie en fonction de l'exigence des plantes et du type de sol. Un sol de type sableux nécessite des apports de compost plus importants qu'un sol de type argileux. Les quantités de compost nécessaires peuvent varier de quelques millimètres (sol riche, plantes peu exigeantes) jusqu'à 5 cm (sol pauvre, plantes exigeantes).

Note : sur des sols sableux, on peut utiliser plus facilement le compost jeune. Sur des sols argileux, il est préférable d'employer des composts bien décomposés.

### Les quantités de compost à utiliser

| TYPES DE PLANTES | SOL | | |
|---|---|---|---|
| | PAUVRE | MOYENS | RICHE |
| **Plantes exigeantes** | 5 à 10 kg/m$^2$<br>2,5 à 5 cm | 2 à 5 kg/m$^2$<br>1 à 2,5 cm | 0,5 à 2 kg/m$^2$<br>0,25 à 1 cm |
| **Plantes moyennement exigeantes** | 2 à 5 kg/m$^2$<br>1 à 2,5 cm | 1 à 2 kg/m$^2$<br>0,5 à 1 cm | 0,5 à 1 kg/m$^2$<br>0,25 à 0,5 cm |
| **Plantes peu exigeantes** | 0,5 à 1 kg/m$^2$<br>0,25 à 0,5 cm | — | — |

Note : les quantités suggérées dans ce tableau constituent un guide et ne devraient pas être respectées de façon rigoureuse. C'est en fonction de vos propres expériences que vous serez en mesure de déterminer les doses appropriées dans l'avenir.

## Choix d'un paillis

| PAILLIS | UTILISATION | VITESSE DE DÉCOMPOSITION | AVANTAGE | INCONVÉNIENTS | DIVERS |
|---|---|---|---|---|---|
| **Écorce de conifères (cèdre, pruche ou pin)** | Arbres, arbustes, conifères, vivaces, sentiers | Lente | Grande disponibilité | Risque d'acidifier le sol et ainsi de ralentir l'activité microbienne. Les paillis de couleur sont à déconseiller | Commercial  |
| **Écales de cacao** | Vivaces, annuelles | Moyenne | Bel aspect | Provenance éloignée : coût élevé et anti-écologique | Commercial  |
| **Résidus d'émondage** | Sentiers, arbres | Très lente  | Gratuit ou peu coûteux | Aspect très grossier | Provient du déchiquetage grossier des rameaux et des troncs des arbres. Contacter les compagnies d'émondage |
| **Bois raméal fragmenté**  | Sentiers, arbres, arbustes, conifères, vivaces | Moyenne à lente | Gratuit ou peu coûteux | Aspect moins grossier que les résidus d'émondage (dépend de la déchiqueteuse utilisée) | Provient du déchiquetage des rameaux (branches) de 7 cm de diamètre et moins principalement feuillus. Contacter les compagnies d'émondage ou louer une déchiqueteuse |
| **Paille**  | Plantes légumières | Rapide à moyenne  | Gratuit, récupérer les ballots de paille ayant servi aux décorations d'Halloween | Provient le plus souvent de l'agriculture industrialisée, donc risque de contenir des pesticides | Secouer les sections de paille sur une toile avant de les installer pour minimiser l'introduction de semences |
| **Feuilles déchiquetées** | Plantes légumières, vivaces | Rapide à moyenne | Gratuit, en faire provision à l'automne en les conservant dans des sacs de plastique à l'abri de la neige | Non adapté aux endroits venteux  | Utiliser la tondeuse-déchiqueteuse  |
| **Aiguilles de pin et autres conifères** | Conifères, rhododendrons, bleuets | Moyenne à lente | Gratuit, évite de s'astreindre à ramasser toutes les aiguilles qui tombent sous les conifères. |  | Ramener les aiguilles au pourtour des conifères. C'est le paillis le plus adapté qui soit pour les plantes acidophiles |

| | | | | | |
|---|---|---|---|---|---|
| **Rognures de pelouse (herbe coupée)** | Plantes légumières, vivaces | Rapide  | Gratuit | Éviter les rognures des pelouses traitées avec des pesticides. Utiliser de préférence au printemps avant que les grainesne se forment | La méthode la plus éconologique pour recycler les rognures de pelouse est de les laisser sur place lors de la tonte |
| **Écales de sarrasin**  | Plantes légumières, vivaces, annuelles | Rapide à moyenne | Très bel aspect (ressemble aux écales de cacao). Produit local | Peu disponible, parfois quelques plants de sarrasin germent | Possible de s'en procurer dans certains moulins à farine artisanaux |
| **Sciures et copeaux de bois** | Sentiers | Très lente | Gratuit | Très riches en carbone, à éviter à proximité des plantes pour ne pas créer un appel d'azote |  |

## Les paillis organiques

Les avantages des paillis organiques sont multiples. Ils limitent l'envahissement par des adventices, apportent de la matière organique au sol en se décomposant, conservent l'humidité du sol et minimisent les problèmes de maladies qui sont latents dans le sol. De plus, ils modèrent les écarts excessifs de température (chaleur, froid) et gardent les légumes propres (courges, tomates, etc.). Les paillis sont également utiles pour couvrir les sentiers des plates-bandes et du potager.

Depuis quelques années, il est possible de se procurer différents paillis commerciaux, par exemple, le paillis de cèdre. Bien que plusieurs d'entre eux demeurent un choix intéressant, il vaut mieux éviter les paillis colorés qui donnent aux aménagements un aspect artificiel. Évitez également les paillis très grossiers tels que les écorces de l'Ouest. Ces derniers se décomposent très lentement et ne possèdent pas les caractéristiques avantageuses citées auparavant.

Par ailleurs, différents matériaux, qui sont la plupart du temps destinés à la poubelle, peuvent également être utilisés comme paillis. Et, c'est gratuit ! Alors pourquoi s'en passer ?

Le moment idéal pour installer le paillis est au printemps, une fois que le sol est réchauffé. Appliquez d'abord le compost et les engrais naturels nécessaires, puis ajoutez finalement le paillis dont l'épaisseur peut varier de 3 à 8 cm.

Veillez à ce que la base des plantes soit dégagée (approximativement 2 cm) pour éviter qu'elle ne demeure constamment humide. Le tableau suivant vous permettra de faire le choix d'un paillis qui convient le mieux en fonction de l'utilisation prévue et du budget que vous désirez y consacrer… ou non.

## Les fumiers

Traditionnellement, les fumiers ont toujours été utilisés par les jardiniers. Bien

qu'ils fournissent un apport important en éléments minéraux, ils doivent être employés avec discernement. Assurez-vous que les fumiers aient subi une période de compostage adéquate pour ne pas risquer d'introduire dans votre jardin des graines d'adventices, des ravageurs et des maladies. De plus, un fumier jeune contient une forte proportion d'éléments minéraux solubles susceptibles d'être rapidement lessivés vers la nappe phréatique, donc de polluer. Dans le doute, introduisez plutôt le fumier dans votre système de compostage et laissez-le terminer sa maturation au moins un an avant son utilisation au jardin.

## La tourbe de sphaigne

Bien qu'elle soit largement utilisée en horticulture, la tourbe de sphaigne ne représente pas, la plupart du temps, un bon choix « éconologique ». Elle est pauvre en éléments minéraux, elle acidifie le sol et son utilisation abusive encourage la destruction des milieux naturels que sont les tourbières. En fait, il n'y a que dans la culture des plantes acidophiles et des plantes en pots que l'utilisation de la mousse de tourbe est justifiée. Dans la majorité des autres situations, il est préférable de la remplacer par du compost.

## Les engrais verts

Les engrais verts sont, malgré leur nom, non pas des engrais mais de véritables amendements puisqu'ils contribuent à améliorer le sol. Il s'agit en fait d'une culture qui est destinée à être enfouie, alors qu'elle est encore verte. Nos ancêtres connaissaient bien cette pratique régénératrice de sol et employaient régulièrement le sarrasin comme engrais vert.

Aujourd'hui, mis à part le sarrasin qui possède toujours ses lettres de noblesse, plusieurs plantes peuvent être utilisées comme engrais verts. Ce sont : le seigle d'automne, l'avoine, l'orge, certaines plantes de la famille des Fabacées (Légumineuses) dont la féverole, la luzerne et le trèfle ainsi que des plantes de la famille des Brassicacées (Crucifères) telles que le colza, la moutarde et le kale. Les bienfaits des engrais verts sont nombreux :

- ils préparent le sol à recevoir une culture qui n'apprécie pas la compétition des adventices ;
- ils régénèrent un sol dans un programme de rotation ;
- ils apportent de la matière organique au sol ;
- ils protègent les sols dénudés de l'érosion causée par le vent et par l'eau ;
- ils améliorent la structure des sols ;
- ils limitent le lessivage des éléments minéraux.

## Les amendements calcaires

On utilise un amendement calcaire pour augmenter le pH d'un sol trop acide (voir chapitre 1 *Le sol : le connaître et le dorloter, un investissement rentable*). Les principaux amendements calcaires utilisés en horticulture sont la chaux dolomitique, la cendre et les coquilles d'œufs.

La chaux dolomitique est un produit commercial largement disponible dans les jardineries. Elle est plus coûteuse que la chaux agricole, mais de meilleure qualité. En plus du calcium, elle contient également du magnésium qui est essentiel au processus de photosynthèse. La chaux dolomitique sera préférablement appliquée tardivement à l'automne, mais elle peut aussi être appliquée au printemps.

La cendre de bois peut également être utile pour augmenter le pH d'un sol. Dans un premier temps, assurez-vous que celle-ci provient de « bois propre », ce qui exclut la cendre provenant de bois peint, ou teint, de contreplaqué et évidemment de bois traité. De toute façon, vous devriez éviter de brûler ces matériaux.

À cause de certaines de ses caractéristiques, la cendre devrait être utilisée avec parcimonie. D'une part, elle modifie brutalement le milieu puisqu'elle possède un pouvoir alcalinisant important. De plus, elle peut contenir une grande proportion de métaux lourds, et ce, même si elle provient de « bois propre ». Enfin, sa très forte teneur en potassium risque de bloquer l'assimilation du magnésium puisque ces deux éléments sont antagonistes.

Ainsi, vous devriez appliquer tout au plus 1,5 kg de cendre par 10 mètres carrés (ce qui équivaut approximativement à un volume de 1,5 litre). Il n'est pas recommandé d'appliquer la cendre sur la neige comme certains jardiniers le croient. La grande solubilité de la cendre fera en sorte qu'elle sera lessivée avec la fonte des neiges. La cendre doit préférablement être appliquée au printemps, dès qu'il est possible de circuler sur le terrain. Enfin, si vous utilisez la cendre sur votre pelouse, fabriquez une « cendrière » artisanale, constituée d'une boîte de café vide dont le fond aura été percé. Enfin, fixez le tout à un manche à balai.

Les coquilles d'œufs broyées sont, en grande partie, constituées de calcium. Leur vitesse de dégradation est relativement lente, mais on peut accélérer celle-ci en broyant les coquilles le plus finement possible. Pour amasser les coquilles, placez-les simplement dans un contenant ouvert (boîte de café) dans une armoire, pour les faire sécher à l'air libre. Une fois séchées, vous pourrez les broyer selon l'une des façons suivantes :

- mettez les coquilles dans un sac de plastique épais et broyez-les à l'aide d'un rouleau à pâte ;
- mettez les coquilles dans un pot à conserve et installez celui-ci sur la base de votre mélangeur. Puis activez le mélangeur jusqu'à ce que les coquilles soient suffisamment broyées.

**Note :** la base de la plupart des mélangeurs est adaptée à la dimension de l'ouverture des pots de conserve standards.

Une fois broyées finement, les coquilles d'œufs pourront être appliquées directement au jardin ou ajoutées au compost. Les coquilles d'œufs broyées grossièrement pourront également être utiles pour empêcher les limaces de faire leurs ravages (voir chapitre 10 *Les ravageurs et les maladies : prévenir plutôt que guérir*).

## Les engrais naturels

Bien que le compost doive demeurer autant que possible à la base de la fertilisation, les engrais naturels offrent des avantages indéniables puisqu'ils sont utilisés pour répondre au besoin spécifique d'un groupe de plantes, pour corriger une carence et dans certains cas pour remplacer les apports de compost.

### Les engrais naturels et les engrais chimiques : le jour et la nuit !

Les engrais naturels ont peu de points en commun avec les engrais chimiques, et c'est tant mieux ! Les comparer équivaut à comparer le jour et la nuit.

### Les engrais naturels commerciaux

Alors qu'ils étaient pratiquement absents (ou du moins très minoritaires) il y a quelques années, les engrais naturels prennent progressivement la place qui leur revient sur les tablettes des jardineries.

Si vous êtes de ceux qui ont à cœur la santé de leurs plantes et de l'environnement, vous opterez sans doute pour l'achat d'engrais naturels. Mais attention, ne soyez pas dupe ! Un certain « marketing vert », souvent plus que trompeur, peut vous amener à acheter un engrais qui n'est pas réellement naturel.

À titre d'exemple, sachez que le nom commercial du produit n'est pas garant des ingrédients qui le composent. Même si le nom du produit comporte les mots « vert », « écologique » ou « naturel », rien ne vous assure qu'il s'agisse réellement d'un engrais naturel. Recherchez plutôt les informations suivantes : « 100 % naturel » ou « fait d'ingrédients entièrement naturels ». Évitez également les engrais dont on dit qu'ils sont « à base organique ». Ces derniers peuvent contenir tout au plus 15 % d'engrais organiques (donc naturels), le reste étant constitué d'engrais chimiques.

Privilégiez les compagnies qui se spécialisent dans la production d'engrais naturels, de même que les compagnies nationales et même régionales. Même naturel, un engrais n'est plus très écologique s'il a été transporté sur des milliers de kilomètres avant d'aboutir à votre jardin. On voit progressivement apparaître sur le marché des engrais comportant une certification qui garantit que ces produits sont acceptés

## Les engrais naturels et les engrais chimiques comparés

| | ENGRAIS CHIMIQUES (OU DE SYNTHÈSE) | ENGRAIS NATURELS |
|---|---|---|
| **Définition** | Engrais dont les matières premières de sources naturelles ont subi des transformations chimiques dont résultent des sels solubles. | Engrais dont les matières premières provenant de sources naturelles à 100 % n'ont subi aucune transformation chimique, mais des traitements mécaniques ou physiques. |
| **Mode d'absorption** | Ces engrais contiennent des éléments minéraux qui sont absorbés directement par la plante la plupart du temps. | Ces engrais contiennent des éléments minéraux qui doivent d'abord être transformés par la faune du sol pour ensuite être absorbés par la plante (processus naturel). |
| **Coût** | Bas à l'achat, mais élevé à long terme. Perte (gaspillage) d'éléments minéraux solubles qui sont lessivés dans le sol (souvent plus de 50 %). Les effets pervers sur le sol et sur les plantes impliquent par la suite plusieurs interventions coûteuses (voir effets sur les interventions). | Parfois un peu plus élevé à l'achat, mais économique à long terme, puisqu'il en résulte un sol et des plantes en santé ; donc, on économise sur les interventions. Avec l'augmentation de la demande, le coût des engrais naturels devrait baisser. |
| **Effets sur le sol** | Certains engrais contribuent parfois à acidifier ou alcaliniser le sol. Plusieurs augmentent le taux de salinité du sol. On constate une perte de vie des micro-organismes et des vers de terre. Le sol a tendance à se compacter. Bref, le sol perd sa vitalité. | Amélioration des qualités physiques, chimiques et biologiques du sol. Le sol se maintient en santé. |
| **Effets sur les plantes** | Puisque les éléments minéraux sont absorbés directement par la plante, cette dernière risque d'en retenir de trop fortes quantités lui causant ainsi un déséquilibre et la rendant plus vulnérable aux ravageurs. Par exemple, on a déjà prouvé le lien entre l'accroissement de la reproduction de pucerons et une surfertilisation en azote. Les effets d'un sol dénaturé se répercutent sur la santé des plantes. | Sur un sol en santé, les plantes sont en meilleure santé. |
| **Effets sur l'environnement** | Nocifs pour l'environnement, car les éléments minéraux non utilisés sont lessivés dans le sol et causent de la pollution. La production de ces engrais est très énergivore et polluante. Les engrais azotés sont synthétisés à partir de l'air, mais grâce à une source d'énergie coûteuse (gaz naturel, charbon, électricité). | Danger réduit pour l'environnement, car la plupart sont peu ou pas solubles. La production de ces engrais est rarement très énergivore. |
| **Effets sur les interventions** | Besoin de déchaumer la pelouse, car peu de micro-organismes pour décomposer le chaume. Besoin plus fréquent de chaulage. Besoin plus fréquent d'aération, car peu de vie microbienne et de vers de terre pour aérer le sol. Besoin régulier de fertilisation, car le sol ne contient aucune réserve. | Contribuent à maintenir les qualités idéales d'un sol en santé, les interventions sont donc moins fréquentes. |
| **Effets sur l'utilisation des pesticides** | Puisque les plantes ne sont pas en santé, elles sont plus vulnérables aux ravageurs et aux maladies, ce qui implique l'usage de pesticides. | Un sol en santé contribue à conserver des plantes en santé qui nécessitent rarement l'utilisation de pesticides. |

en agriculture biologique. Bien que cette pratique soit encore peu répandue, il est à souhaiter que de plus en plus de compagnies l'adoptent, car elle nous permettrait d'effectuer des achats encore plus éclairés.

## Les ingrédients de base des engrais naturels

Les ingrédients de base des engrais naturels sont d'origine organique ou minérale. Ils n'ont subi aucune transformation chimique, mais plutôt des traitements physiques (ex. : séchage) ou mécaniques (ex. : broyage). Certains engrais naturels ne contiennent qu'un seul ingrédient, mais la majorité contiennent un ensemble d'ingrédients qui sont combinés afin de répondre au besoin spécifique d'un type de plantes (pelouse, arbres et arbustes, potager, vivaces, etc.).

Les ingrédients de base de type organique sont la farine d'algues, de crevettes, de crabes, les algues liquides, les émulsions de poissons et les fumiers animaux.

Note : la poudre d'os, de même que la farine de sang et de plumes sont également des ingrédients naturels de source organique. Toutefois, avec l'avènement de la maladie de la vache folle qui est associée à l'utilisation de tels sous-produits de l'abattage des animaux, il est souhaitable de minimiser leur utilisation afin d'enrayer le risque potentiel de contamination de la chaîne alimentaire. La poudre d'os qui est fréquemment employée pour stimuler le système racinaire lors de la plantation pourra être remplacée par le phosphate de roche naturel ou par les champignons mycorhiziens (voir encadré).

Les ingrédients de base de type minéral sont le phosphate de roche, le basalte, le mica, le Sul-Po-Mag, le sel d'Epsom, le borax et le solubor.

### Les champignons mycorhiziens

Les champignons mycorhiziens, appelés aussi mycorhizes, vendus commercialement depuis quelques années, ne sont pas à proprement parler des engrais, mais plutôt des suppléments de croissance.

Ces champignons microscopiques vivent en symbiose avec les racines de la majorité des plantes. Ils augmentent l'efficacité des racines en leur servant de prolongement.

Ainsi, la plante acquiert la capacité de puiser plus efficacement l'eau et les éléments minéraux du sol, de même qu'une meilleure résistance à la sécheresse et aux maladies. En échange, les champignons retirent de la plante les sucres nécessaires à leur croissance.

Vérifiez la date d'expiration des champignons mycorhiziens. Leur durée de vie est de un an si le produit est conservé à la température ambiante.

Par contre, si vous conservez les champignons au frais, soit dans une pièce fraîche ou idéalement au réfrigérateur, leur viabilité pourra se prolonger durant plusieurs années.

Même si les champignons mycorhiziens sont vendus pour différents usages, par exemple pour les vivaces, les plantes d'intérieur, les bulbes, les annuelles ou les plantes légumières, il s'agit la plupart du temps du même champignon, soit le *Glomerus intraradices* (à l'exception du produit pour arbres et arbustes).

Vous pourrez donc acheter un seul produit dont vous vous servirez pour la majorité de vos plantes… Une autre pratique éconologique.

Consoude

Ortie

# Les engrais naturels artisanaux

Les engrais naturels de fabrication artisanale sont des purins de plantes ou de compost. Ce sont d'excellents engrais et, de surcroît, ils sont gratuits. Les purins sont le plus souvent utilisés au potager pour combler les besoins en éléments minéraux de certaines plantes légumières plus exigeantes comme les Cucurbitacées, les tomates et les Brassicacées (Crucifères). On les applique en milieu de saison comme fertilisation complémentaire au compost qui a été appliqué au début de la saison.

## Les purins de plantes

Les purins de plantes sont fabriqués en faisant macérer une certaine quantité de une ou plusieurs espèces de plantes dans le but d'en extraire les éléments minéraux. Toutes les plantes contiennent des quantités variables d'azote, de phosphore, de potassium et d'autres minéraux, mais les plantes à privilégier pour la fabrication des purins sont la consoude, la fougère, l'ortie et le pissenlit. Voici comment procéder pour fabriquer un purin :

- assurez-vous que la température extérieure ait atteint au moins 16 °C ;
- remplissez à demi un seau de plastique (ou un baril de bois) avec les plantes choisies ;
- comblez le contenant d'eau, mettez une grosse pierre sur les plantes pour éviter qu'elles ne restent en surface et installez un couvercle non étanche ;
- laissez macérer le tout de 7 à 14 jours en brassant quotidiennement. Le liquide fermenté qui en résulte se nomme le purin. Il est prêt lorsqu'il dégage une forte odeur, est foncé et ne mousse plus ;

- filtrez grossièrement le purin (ajoutez la partie solide au compost) ;
- diluez le purin concentré dans une proportion approximative de 1/30 (une partie de purin pour 29 parties d'eau) ou de façon à obtenir un liquide ayant la concentration d'un thé. Si l'application du purin s'effectue durant ou après une pluie, il peut être plus concentré ;
- appliquez le purin à l'aide d'un arrosoir manuel, directement à la base des plantes.

  Attention ! Puisque les insectes pollinisateurs n'aiment pas l'odeur du purin, il est préférable de ne pas l'utiliser durant la période de floraison.

Les macérations fermentées ne peuvent se conserver longtemps. Cependant, si elles ne sont pas utilisées totalement, le surplus peut être avantageusement ajouté au compost.

Note : il est également possible d'extraire de certaines plantes des principes actifs qui ont des propriétés insecticides, insectifuges ou fongicides (voir chapitre 10).

### Le purin de compost

Pour fabriquer le purin de compost, vous procéderez de la façon suivante :

- mettez une certaine quantité de compost dans une poche faite de coton (ou une vieille taie d'oreiller de coton) ;
- mettez la poche dans un seau ;
- couvrez d'eau. Assurez-vous qu'il y ait au moins trois fois plus d'eau que de compost ;
- laissez macérer le tout pendant 24 heures ;
- diluez le liquide ainsi obtenu de façon à obtenir un liquide ambré dont la concentration est similaire au thé ;
- appliquez directement au sol à l'aide d'un arrosoir manuel.

## Les amendements et les engrais naturels sont-ils vraiment écologiques ?

Nous avons vu dans ce chapitre qu'il existait différents amendements et engrais naturels utilisables en jardinage écologique. Cependant, aucun amendement et, à plus forte raison, aucun engrais ne devrait recevoir le qualificatif « écologique ». En fait, aucun produit, aussi naturel qu'il soit, n'est vraiment écologique. Ce sont plutôt nos pratiques, c'est-à-dire nos façons de gérer ces produits, qui sont plus ou moins écologiques. Évidemment, pour adopter des pratiques écologiques, il est essentiel de privilégier les produits naturels.

Mais le fait qu'un produit soit naturel ne garantit en rien qu'il soit sans danger pour l'environnement. Nous connaissons tous la problématique actuelle de l'utilisation abusive du purin de porc sur les terres agricoles… un engrais pourtant naturel qui cause toutefois d'importants problèmes de pollution.

### L'EAU DE CUISSON DES LÉGUMES… POUR FERTILISER VOS PLANTES GRATUITEMENT

Lorsque vous cuisez vos légumes à l'eau ou à la vapeur, surtout ne jetez pas le bouillon qui en résulte. Celui-ci contient beaucoup d'éléments minéraux. Vous pourrez choisir de l'intégrer à vos soupes ou vous en servir pour arroser vos plantes d'intérieur. Mais, attendez que votre bouillon soit refroidi… évidemment !

## Les amendements et les engrais naturels : pas si chers que ça !

Même si certains amendements et engrais naturels peuvent sembler plus coûteux à l'achat, il n'en est rien à long terme, si l'on considère tous les bienfaits qu'ils apporteront à nos sols.

Et cette constatation est d'autant plus évidente si on compare les engrais naturels aux engrais chimiques qui pour leur part nous entraînent dans un cercle vicieux qui nous occasionnera des déboursés.

Mais, parmi les amendements et les engrais naturels, c'est sans contredit le compost domestique qui demeure le plus « éconologique » et c'est pourquoi il en sera question dans tout le chapitre suivant.

# Le compost domestique

## L'or brun du jardinier



Comme vous l'avez sans doute constaté dans le chapitre précédent, l'utilisation du compost est un incontournable au jardin. D'ailleurs, le jardinage écologique devrait être systématiquement associé au compostage domestique puisque, d'une part, le compost est à la base de la fertilisation du sol et que, d'autre part, le jardinage produit une quantité impressionnante de matière organique qui doit être recyclée pour retourner à la terre. Le compostage domestique est sans aucun doute l'activité de jardinage la plus « éconologique » qui soit. Il n'est donc pas étonnant que l'on surnomme le compost domestique « l'or brun du jardinier » et que le présent chapitre lui soit totalement consacré.

Peut-être êtes-vous de ceux qui croient (à tort) que faire son compost génère des odeurs, demande trop de temps ou encore, est trop compliqué. Si tel est le cas, les informations suivantes ainsi que vos expériences qui en découleront devraient vous convaincre du contraire.

### Les avantages de faire son propre compost

Plusieurs adeptes du compostage domestique vous diront qu'ils sont toujours aussi fascinés par la merveilleuse métamorphose qui s'opère sous leurs yeux. Voir des matériaux, qui sont considérés comme des déchets, se transformer littéralement en un amendement extraordinaire qu'est le compost… relève presque de la magie. Pour

certains, c'est tout aussi captivant que la transition de la chrysalide vers le gracieux papillon ou encore la transformation du crapaud en un beau prince. Mais, mis à part ce côté fascinant, trois excellentes raisons devraient vous convaincre de commencer ou de poursuivre cette formidable activité qu'est le compostage domestique. Ce sont la protection de l'environnement, les économies engendrées et le contrôle de la qualité du produit fini.

Les matières organiques compostables telles que les résidus de cuisine et de jardin représentent à elles seules en moyenne 40 % du volume du sac à ordures. Selon la façon dont ces matières seront traitées, elles deviendront des déchets ou des ressources. Alors que le processus de compostage contribue à stabiliser les constituants, les matières organiques qui prennent la route des incinérateurs et des sites d'enfouissement concourent à produire des biogaz dont certains sont responsables de l'effet de serre. De même, les eaux de lixiviation produites par la décomposition des matières organiques sont une source importante de pollution du sol, puisque ces dernières entraînent avec elles des contaminants. Enfin, le transport de milliers de tonnes de déchets organiques par camion engendre également de la pollution. Faire son compost, c'est sans contredit poser un geste concret pour la protection de l'environnement et du même coup enseigner à nos enfants ou petits-enfants une pratique concrète qui en fera de futurs citoyens responsables.

L'avantage économique du compostage domestique est aussi très convaincant. Considérant que le coût d'un sac de compost commercial de qualité, ayant un poids de 15 kg, se situe autour de 4 € et que, d'autre part, une famille de quatre personnes génère en moyenne 672 kg de matière organique compostable par année, c'est 336 kg de compost (le processus de compostage réduit de 50 % la quantité de matière organique en raison de la perte d'eau) qui pourront être fabriqués par année, soit l'équivalent de 22 sacs de compost commercial, pour une économie approximative de 75 € par année. Évidemment, cette économie sera d'autant intéressante si l'investissement relié au système de compostage est raisonnable. À cet effet, nous verrons plus loin qu'il est possible de fabriquer un composteur à faible coût (voir section : *Les systèmes de compostage*).

Une autre très bonne raison pour faire son compost, c'est que nous exerçons un contrôle direct sur la qualité du produit. En effet, lorsque l'on fabrique son propre compost, on n'utilise que des ingrédients adéquats, on peut donc témoigner de la qualité du produit fini, ce qui n'est pas du tout évident dans le cas du compost commercial. La prochaine section traite des ingrédients qu'il est possible de composter ainsi que ceux qu'il vaut mieux éviter.

Enfin, quand on pense à tous les avantages qu'offre le compostage domestique, il est difficile de comprendre pourquoi si peu de gens s'adonnent à cette activité.

Vous croyez que composter c'est trop de travail ? Détrompez-vous !

Si vous hésitez encore à pratiquer le compostage domestique pour cette raison, sachez que la tâche la plus importante (la décomposition de la matière organique) sera exécutée par un ensemble de travailleurs infatigables (et bénévoles de surcroît) que sont les micro-organismes, les vers de terre et d'autres bestioles.

En fait, votre responsabilité se résumera à offrir de bonnes conditions à vos travailleurs bénévoles afin qu'ils s'activent efficacement et rapidement. Et ces bonnes conditions consistent à leur procurer de la nourriture (vous en avez amplement) ainsi que de l'eau et de l'air (comme nous le verrons dans la section traitant de la fabrication du compost).

## Le vermicompostage (syn. : lombricompostage)

Le vermicompostage est une méthode de compostage qui permet de fabriquer du compost à l'intérieur avec l'aide de petits vers rouges (*Eisenia fœtida*).

Les vers sont placés dans un contenant en plastique aéré, le vermicomposteur, dans une litière constituée de matière riche en carbone telle que le papier journal déchiqueté.

Ils sont ensuite nourris périodiquement avec les déchets de cuisine.

Après quelques mois, il en résulte un compost de grande qualité très utile pour les plantes d'intérieur.

Cette méthode est plus complexe et plus limitée du point de vue quantitatif que le compostage domestique fait au jardin, mais elle peut être appropriée pour ceux qui vivent en appartement et qui n'ont aucun espace de terrain pour y installer un composteur.

# Les matériaux à composter et ceux à éviter

Pour fabriquer le compost, on utilise des matériaux (ou ingrédients) qui autrement seraient destinés à la poubelle. Il n'est nullement nécessaire d'acheter des ingrédients pour faire votre compost car, tel que vous le réaliserez, vous avez à portée de la main une grande quantité de matériaux compostables. Les matériaux compostables sont habituellement classés en deux catégories, soit les matériaux bruns (riches en carbone) et les matériaux verts (riches en azote). Vous comprendrez la raison de cette différenciation dans la section à venir qui traite des méthodes de fabrication du compost. Notez que les termes « vert » et « brun » ne font pas nécessairement référence à la couleur de l'ingrédient (quoique plusieurs répondent à ces qualificatifs), mais plutôt à sa catégorie. Évidemment, il n'est pas nécessaire d'utiliser tous les matériaux de la liste qui suit. Cependant, il est souhaitable d'employer au moins un ingrédient de chacune des deux catégories. Bien entendu, plus vous introduirez des matériaux différents, plus votre compost sera riche en éléments minéraux.

## Les matériaux bruns (riches en carbone)

Les matériaux bruns, qu'on qualifie parfois de secs, sont en fait des matériaux riches en carbone. Les qualités de ces derniers sont multiples, c'est pourquoi ils sont considérés comme des ingrédients essentiels dans la fabrication du compost. Tout d'abord, ils fournissent un élément essentiel aux micro-organismes, le carbone. De plus, étant donné leur composition fibreuse, ils structurent le produit final.

Enfin, ils contribuent à retenir les éléments minéraux qui risquent de s'échapper des matériaux verts. Ainsi, lorsqu'ils constituent la première couche, les matériaux riches en carbone retiennent les éléments minéraux liquides qui autrement seraient lessivés vers le sol, alors que s'ils sont placés en surface, ils empêchent certains éléments minéraux volatils tels que l'azote de s'évaporer dans l'air.

### Aiguilles de conifères

Les aiguilles de pin, épinette et autres conifères devraient être compostées en quantité restreinte car elles sont très acides. Pourquoi ne pas les laisser à la base de vos conifères et autres plantes acidophiles? Elles y feront un excellent paillis... gratuit.

### Brindilles et branches

Les brindilles et les petites branches qui se cassent facilement à la main pourront être compostées directement alors que les branches ayant un diamètre de 1 cm et plus devraient être fragmentées. Si vous n'avez que quelques branches de temps à autre, le sécateur, la cisaille ou tout autre outil tranchant feront très bien l'affaire. Cependant, pour des quantités importantes, vous devrez peut-être avoir recours à une déchiqueteuse. Certaines municipalités proposent le service de déchiquetage des branches aux citoyens pour ensuite

leur offrir le produit. Informez-vous ! Les branches ainsi déchiquetées sont également très utiles en tant que paillis (voir chapitre 2 *Les amendements et les engrais naturels : pas si chers que ça*).

## Copeaux et sciures de bois

Les copeaux et les sciures de bois sont des ingrédients très riches en carbone. Ils sont donc difficiles à composter, c'est pourquoi le volume de ces derniers ne devrait pas excéder 10 % du volume total des matériaux à composter.

À éviter : les copeaux et les sciures provenant de bois peint, teint, traité ou de contreplaqué.

## Feuilles

Les feuilles mortes sont un apport important au compost. Puisqu'elles sont présentes en abondance à l'automne, c'est le moment idéal pour vous en faire des réserves en prévision de la saison à venir.

Vous n'avez pas de feuilles sur votre terrain ? Qu'à cela ne tienne, allez faire une tournée dans un quartier boisé de votre municipalité ou même chez votre voisin avant le ramassage des ordures et faites votre choix dans les sacs à votre disposition. N'ayez crainte, personne ne vous accusera de vol. En passant, il serait temps que vous songiez à planter des arbres sur votre terrain…

Le déchiquetage des feuilles n'est pas obligatoire mais souhaitable, et ce, principalement pour les grosses feuilles telles que celles des érables. Il en accélère grandement la décomposition. Pour ce faire, utilisez la tondeuse ou le coupe-herbe mécanisé (les feuilles sont placées dans une poubelle, dans laquelle on actionne le coupe-herbe).

Attention aux feuilles de noyer et de chêne. Utilisez celles-ci avec modération car elles contiennent des substances qui retardent leur décomposition.

À éviter : les feuilles des arbres qui ont été traités avec des pesticides et celles des arbres gravement malades.

## Paille

Les ballots de paille servent souvent à confectionner les décorations d'Halloween. La fête passée, faites le tour de votre quartier avant la collecte des ordures. Vous ferez sans doute une belle récolte.

## Papier journal

Puisque la cueillette du papier journal dans le but de le recycler est maintenant chose courante dans la plupart des municipalités, vous devriez privilégier ce mode de récupération qui est plus approprié que le compostage.

Cependant, si vous désirez tenter l'expérience du compostage de papier journal, sachez que vous devrez vous armer de patience. Dans un premier temps, vous devrez sélectionner le papier de façon à éliminer toutes les feuilles qui contiennent de l'encre de couleur de même que les feuilles de papier glacé. Par la suite, il faudra déchirer ou découper les feuilles de papier journal en bandelettes ou, mieux encore, utiliser une déchiqueteuse de bureau. Pour votre information, l'encre noire des journaux d'aujourd'hui est végétale.

À éviter : le papier imprimé avec de l'encre de couleur, le papier glacé, le papier de bureau.

Truc : il est pratique de placer une feuille de papier journal dans le fond du récipient dans lequel on recueille les résidus de cuisine. Quand vient le temps de transférer le tout au composteur, cela évite que les résidus de cuisine ne restent collés au fond du récipient.

### Vieux vêtements de fibres naturelles : coton, jute, laine, lin

Les vieux vêtements de fibres naturelles peuvent évidemment être recyclés de bien des façons pour leur redonner une deuxième vie (don à une œuvre de charité, transformation en guenilles), mais ils peuvent aussi être compostés. Utilisez-les pour confectionner des lanières qui serviront à attacher vos plants de tomate à leur tuteur. L'automne venu, ces attaches « éconologiques » pourront être compostées avec le plant.

## Les matériaux verts (riches en azote)

Les matériaux verts, appelés parfois matériaux humides, sont riches en azote. Cet ingrédient, tout comme le carbone, est une nourriture essentielle pour les micro-organismes. Ces derniers décomposeront plus rapidement les matériaux riches en azote. De là l'importance de les associer à des matériaux bruns, qui pour leur part seront décomposés plus lentement. De plus, les matériaux verts apportent toute une gamme d'éléments minéraux qui viendront enrichir le produit final.

### Algues

Les algues qui longent les berges du fleuve peuvent être récoltées pour ensuite être compostées. Cependant, si elles proviennent d'une zone d'eau salée, n'en abusez pas, car un excès de sel n'est pas seulement nocif pour les humains, il l'est également pour vos petits employés décomposeurs qui risqueraient de faire… la grève.

### Cheveux et poils d'animaux

Si vous brossez votre gros toutou régulièrement, peut-être songiez-vous à vous tricoter un chandail avec tous ces poils ? Sachez maintenant qu'il sera peut-être plus simple de les composter. Effectivement, vous pouvez composter les poils de vos animaux domestiques de même que les cheveux humains. Assurez-vous cependant d'humidifier le tout afin que la décomposition se fasse convenablement.

À éviter : les cheveux traités chimiquement.

### Déchets « verts » de jardin

Les déchets verts de jardin comprennent les fleurs fanées, les résidus de taille des annuelles, des vivaces et des plantes potagères, ainsi que les adventices (syn. : mauvaises herbes). Ils sont une importante source de matière verte pour quiconque jardine un tant soit peu. Concernant les adventices, si vous croyez qu'on ne doit pas les composter, détrompez-vous car ces dernières sont une source importante d'éléments minéraux. Évidemment, vous n'aimeriez pas qu'elles se reproduisent dans votre compost et vous avez en partie raison puisque lors du compostage domestique, la faible augmentation de température ne permet pas de détruire les graines, pas plus que les rhizomes des plantes adventices. Cependant, lorsque les jeunes plants ne comportent que des feuilles, des tiges et des racines, il n'y a pas de risque. Mais quand les plantes seront en fleurs ou en graines, procédez de la façon suivante.

Déposez-les dans un seau et recouvrez-les d'eau. Couvrez légèrement et laissez « mariner » le tout durant 10 à 14 jours. Durant cette période, les graines vont germer pour ensuite pourrir et vous pourrez ajouter le tout, liquide compris, dans votre composteur. En fait, vous fabriquerez ainsi un purin (voir chapitre 2 *Les amendements et les engrais naturels : pas si chers que ça*). Celui-ci pourrait donc également servir de fertilisation d'appoint pour vos plantes, alors que la matière solide sera envoyée au compost.

Si les adventices comportent des rhizomes, qui sont en fait de grandes racines blanches se propageant dans le sol, vous pourrez également les faire pourrir selon la méthode décrite précédemment ou les faire sécher au soleil jusqu'à ce qu'ils soient cassants, donc non viables.

> À éviter : les plantes malades, infestées d'insectes et les plantes ayant été traitées avec des pesticides.

## Déchets de cuisine

Plusieurs déchets compostables proviennent de la cuisine. Ils comprennent les pelures et les restes de fruits et de légumes, le marc de café incluant le filtre de papier (de préférence non blanchi), les sachets de thé et de tisanes, les restes de pâtes alimentaires, de céréales ou de légumineuses, le pain rassis ou séché.

> À éviter : la viande, le poisson, les produits laitiers, les matières grasses (incluant la vinaigrette des salades) et les os.

## Excréments d'animaux herbivores

Les fumiers provenant d'animaux herbivores tels que les fumiers de vache, de poule et de lapin peuvent apporter des éléments minéraux intéressants au compost. Privilégiez des fumiers d'animaux élevés le plus naturellement possible.

> À éviter : les excréments et la litière des animaux domestiques (chiens, chats, oiseaux) de même que le fumier de cheval, car ce dernier contient beaucoup de graines.

## Rognures de pelouse

Ajoutées au compost en petites quantités, les rognures de la pelouse ont un effet accélérant à cause de leur très fort taux d'azote. Mais, lorsqu'elles sont compostées en grandes quantités, elles risquent d'entraîner des problèmes d'odeurs reliés à un dégagement d'ammoniac. Pas très agréable pour le voisinage ! D'ailleurs, les problèmes d'odeurs engendrés par les rognures de pelouse sont sans doute responsables, en grande partie, de la mauvaise réputation du compostage domestique.

La façon la plus « éconologique » et pratique qui soit pour recycler les rognures de pelouse est de les déchiqueter et de les laisser sur place au moment de la tonte (voir chapitre 4 *La pelouse : sortir du cycle infernal du chimique pour économiser temps et argent*).

Si malgré tout, vous tenez à composter vos rognures de pelouse, assurez-vous de les mélanger adéquatement à raison d'une partie de rognures pour deux parties de matériaux bruns. Si vous n'avez pas suffisamment de matériaux bruns, étendez d'abord vos rognures en minces couches au soleil durant quelques heures. Ainsi, elles passeront du vert au jaune, ce qui indiquera qu'elles auront perdu leur surplus d'azote. Vous pourrez ensuite les composter sans risquer d'incommoder tout le quartier.

À éviter : la pelouse qui a été traitée avec des pesticides.

## Les autres matériaux qui peuvent entrer dans la composition du compost

Les matériaux suivants ont également avantage à être ajoutés au compost. Même s'ils ont peu d'influence sur l'équilibre carbone/azote, ils ont d'autres qualités indéniables.

Certains ajoutent des éléments minéraux alors que d'autres contribuent à ensemencer le compost en micro-organismes.

### Coquilles d'œufs

Les coquilles d'œufs constituent un apport intéressant en calcium. Pour en faciliter la décomposition, il est préférable de faire sécher les coquilles puis de les broyer avant de les mettre au compost (voir chapitre 2 *Les amendements et les engrais naturels : pas si chers que ça*).

### Que faire si de petites mouches envahissent la cuisine ?

À la fin de l'été, il n'est pas rare de voir quelques petites mouches voler dans la cuisine. Celles-ci, les drosophiles, qu'on appelle aussi les mouches à fruits, sont la plupart du temps introduites avec l'achat des fruits de saison tels que pêches, prunes, poires, etc. Pour éviter que les drosophiles ne se multiplient allégrement dans le contenant servant à recueillir les résidus de cuisine, veillez à ce qu'il soit couvert ou du moins hors de portée des mouches. De plus, videz plus régulièrement votre contenant au composteur. Enfin, si les petites mouches sont légion dans votre cuisine, procédez de la façon suivante pour régler la situation :

- Lavez les fruits qui sont sur le comptoir de cuisine et placez-les temporairement au réfrigérateur ou dans une autre pièce.
- Procurez-vous un piège de type “piège à guêpes” ou mieux, confectionnez-le. Il s'agit d'un contenant de plastique ou de verre qui comporte une seule ouverture par en dessous. Pour confectionner un tel piège de façon artisanale, utilisez une petite bouteille d'eau ou de boisson gazeuse de plastique dont vous couperez la partie du haut (au niveau du rétrécissement) pour la retourner ensuite.
- Mettez une section de banane très mûre dans votre piège et accrochez-le à une porte d'armoire au-dessus du comptoir, de façon à ce que l'ouverture soit vers le bas.
- Surveillez votre piège. En quelques heures, vous aurez sans doute piégé la majorité de vos visiteurs indésirables.
- Sortez votre piège à l'extérieur et ouvrez-le, loin de la porte de la maison et du composteur, les petites mouches s'envoleront rapidement.

### Terreau de rempotage

Les vieux terreaux de rempotage de vos plantes d'intérieur et de vos potées fleuries pourront être ajoutés au compost.

À éviter : les terreaux contenant des cristaux de rétention d'eau, de la styromousse ainsi que toute autre matière synthétique.

### Terre du jardin

L'ajout de terre de jardin est souhaitable et même essentiel pour ensemencer le compost en micro-organismes comme nous le verrons dans la section traitant de la fabrication du compost. Quoiqu'elle ne soit pas contre-indiquée, la terre commerciale vendue en sac n'est pas recommandée pour cette utilisation car elle contient souvent peu de micro-organismes.

### Vieux compost

Le vieux compost est également très utile pour ajouter de la vie microbienne au compost.

## Les matériaux à éviter

La liste suivante comprend des matériaux qui ne devraient pas entrer dans la fabrication du compost. À ceux-ci, il faut évidemment ajouter les matériaux à éviter cités précédemment.

### Cendre

À cause de son pouvoir alcalinisant puissant (augmentation du pH), la cendre ne devrait pas être ajoutée au compost, car elle occasionne un déséquilibre important pour la vie microbienne, principale responsable de la décomposition. Il vaut donc mieux s'abstenir de mettre de la cendre au compost. Vous pourrez tout de même utiliser la cendre en l'appliquant directement au sol (voir chapitre 2).

### Feuilles de rhubarbe

Étant donné le pouvoir insecticide de leurs ingrédients actifs, les feuilles de rhubarbe

**Liste des matériaux à éviter**

| MATÉRIAUX VERTS | MATÉRIAUX BRUNS | AUTRES MATÉRIAUX | MATÉRIAUX À ÉVITER |
|---|---|---|---|
| Algues<br>Cheveux et poils d'animaux<br>Déchets « verts » de jardin<br>Déchets de cuisine<br>Excréments d'animaux herbivores<br>Rognures de pelouse | Aiguilles de conifères<br>Brindilles et branches<br>Copeaux et sciures de bois<br>Feuilles<br>Paille<br>Papier journal<br>Vieux vêtements de fibres naturelles | Coquilles d'œufs<br>Terreau de rempotage<br>Terre de jardin<br>Vieux compost | Cendre<br>Contenu du sac de l'aspirateur<br>Charpies de la sécheuse<br>Déchets de cuisine suivants : viandes, poissons, produits laitiers, os, gras et huiles<br>Feuilles de rhubarbe<br>Excréments humains<br>Excréments d'animaux domestiques<br>Plantes malades<br>Plantes traitées avec pesticides |

ne devraient pas être compostées. Celles-ci risquent d'être nuisibles pour toute la petite faune de décomposition qui est au travail dans le compost. Cependant, vous pourrez les utiliser pour confectionner un insecticide maison (voir chapitre 10 *Les ravageurs et les maladies : prévenir plutôt que guérir*). Dans ce cas, vous pourrez composter la matière solide une fois le liquide extrait, puisque les ingrédients actifs y auront alors été transférés.

### Contenu du sac de l'aspirateur et charpies de la sécheuse

Le contenu du sac de l'aspirateur et les charpies de la sécheuse peuvent contenir des matériaux synthétiques ; il est donc préférable de ne pas les composter.

### Les excréments humains

Le processus de compostage domestique ne permet pas de détruire les agents pathogènes qui peuvent être présents dans les excréments humains. Pour éviter les risques de transmission de maladies, il vaut mieux s'abstenir de composter ce genre de déchets.

## Les systèmes de compostage

Plusieurs systèmes de compostage sont possibles, mais aucun n'est idéal pour tous. En fait, le choix d'un système de compostage dépendra des éléments suivants : la grandeur de votre terrain, la disponibilité des matériaux à composter, votre intérêt pour le bricolage et, enfin, votre budget. Si vous optez pour un contenant de type commercial ou artisanal, l'usage de deux unités facilitera grandement les retournements et le mûrissement du compost. Quant au tas, il pourra être unique puisque sa longueur indéfinie permet d'ajouter les matériaux neufs à une extrémité et de récupérer le compost vieilli à l'autre.

Dans tous les cas, le compost aura avantage à être recouvert. Ainsi, autant le composteur commercial que le composteur artisanal devront être munis d'un couvercle, alors que le tas sera préférablement recouvert d'une bâche (toile géotextile). Cette façon de faire favorisera la décomposition puisque le compost sera protégé d'un excès de soleil (qui cause l'assèchement et donc l'arrêt de la décomposition), d'un excès de pluie (un excès d'eau dans le compost en retarde la décomposition puisque le compost gorgé d'eau ne laisse pas de place à l'air), de la visite de graines de plantes indésirables (quel beau milieu de semis !) ainsi que de la ponte de certains insectes nuisibles tels que les noctuelles. Une fois le couvercle ou la bâche installé, vous pourrez contrôler la décomposition en découvrant temporairement le compost pour l'humidifier au besoin, lors d'une pluie.

Idéalement, les composteurs domestiques ne doivent pas comporter de fond. Ils seront installés directement sur le sol afin de favoriser les échanges avec ce dernier. Ainsi, les vers de terre pourront s'amener dans le compost le moment venu et retourner dans le sol une fois leur travail terminé.

## Information concernant les composteurs rotatifs

Malgré la fascination que certains portent aux composteurs rotatifs, qu'ils soient de fabrication commerciale ou artisanale (baril

## Système de compostage

| | CARACTÉRISTIQUES | REMARQUES |
|---|---|---|
| **Composteurs commerciaux**  | Souvent fabriqués de plastique noir. Quelquefois fabriqués de bois. Souvent de petite capacité (la majorité ont environ 0,33 $m^3$). | Lors de l'achat, on devra considérer le volume, la capacité d'assemblage, les facilités d'aération et de retournement, la qualité des matériaux, l'aspect esthétique et le prix. Idéals pour terrains petits et moyens, ainsi que grands terrains comme composteurs d'appoint lorsque le site de compostage principal est éloigné de la maison. |
| **Composteurs artisanaux** | À structures de bois. Dimensions variables allant de 0,33 à 1 $m^3$.   | Éviter le bois traité. Utiliser de préférence du cèdre, de l'épinette ou du bois récupéré (palettes de bois). Laisser un espace minimal de 1 cm entre les planches. Un traitement naturel à l'huile de lin bouillie prolongera leur durée de vie. Prévoir un système d'ouverture pour faciliter l'entretien et la récupération du compost (porte repliable ou succession de planches superposées dans une glissoire). |
|  | Poubelles ou barils de plastique récupérés. | Enlever le fond. Conserver le couvercle. Perforer à plusieurs endroits à l'aide d'une perceuse. |
|  | À structures en blocs de béton. Prévoir un couvercle ou une bâche. | Laisser un espace minimal de 1 cm entre les blocs. |
|  | Clôtures à neige ou composteurs faits de grillages. | Ces systèmes sont trop ouverts pour permettre un bon contrôle de la décomposition. Cependant, ils peuvent être utiles pour entreposer des quantités importantes de feuilles en attente de compostage (précompostage). |
| **Tas ou andains** | La hauteur et la largeur optimales devraient être de 1 m. La longueur peut être indéfinie, ce qui permet de composter d'importantes quantités de matériaux.  | Recouvrir le tas avec une bâche à compost. On utilisera une toile géotextile spécialement conçue à cet effet ou toute autre toile géotextile noire ou grise (éviter le plastique qui ne laisse pas passer l'air) ou même de la paille (ce qui vous permettra d'y planter directement vos courges et vos concombres). Si le tas est plus haut ou plus large que 1 mètre, installer des tuyaux d'aération. |

perforé installé sur un support), ils ne sont pas aussi extraordinaires qu'ils le semblent. Puisque ce type de composteur ne peut pas être très aéré (les matériaux auraient tendance à s'échapper) et que le compost ne bénéficie pas d'un contact direct avec le sol, le suivi du compostage y est plus laborieux. Néanmoins, ce type de composteur pourra être utile lorsqu'il n'est absolument pas possible d'installer le composteur sur le sol comme dans le cas d'un balcon.

## L'équipement et le choix du site

Mis à part le système de compostage (composteur ou tas), certains accessoires seront utiles pour fabriquer votre compost. Ce sont :

- une petite poubelle de cuisine munie d'un couvercle ou un seau sans couvercle, si ce dernier est disposé dans une armoire fermée ;
- un aérateur à compost, une fourche à bêcher, une griffe à trois dents ou tout autre outil pour retourner ou brasser le compost ;
- des seaux de plastique ou une brouette pour transporter le compost ;
- un sécateur, des cisailles ou tout autre outil pour couper les matériaux coriaces.

Parmi l'équipement facultatif, notons une tondeuse ou un taille-bordure pour déchiqueter les feuilles, une déchiqueteuse pour réduire en menus morceaux d'importantes quantités de branches (il est plus « éconologique » de louer occasionnellement une déchiqueteuse performante, plutôt que d'en acheter une de piètre qualité).

## Que faire en hiver ?

L'hiver, l'accès au composteur est souvent ardu. Pourquoi ne pas accumuler vos résidus de cuisine à l'extérieur dans de grands seaux ? Le tout demeurera gelé jusqu'au printemps. Vous pourrez alors procéder au compostage selon la méthode lasagne. À suivre…

## Le site de compostage

Le choix du site de compostage devrait, dans la mesure du possible, tenir compte des considérations suivantes :

- accès facile à partir de la maison et du jardin ;
- proximité d'un point d'eau ;
- site mi-ombragé ;
- à l'abri des grands vents.

## Camouflage d'un site de compostage

Si vous trouvez que la vue de votre site de compostage n'est pas particulièrement esthétique à travers l'aménagement de votre cour, pourquoi ne pas le camoufler derrière un paravent fait de treillis ou un bosquet d'arbustes ?

# La fabrication du compost

Bien qu'il existe plusieurs méthodes de fabrication du compost, les deux méthodes les plus courantes vous sont présentées ici. La première, surnommée par l'auteure la méthode « lasagne », n'est peut-être pas celle que vous adopterez, mais elle vous permettra de mieux comprendre les grands principes de fabrication du compost que vous pourrez mettre en pratique dans la seconde méthode dite d'accumulation progressive.

## La méthode « lasagne »

La méthode « lasagne », connue aussi comme le compostage en une opération ou le compostage à chaud, peut se pratiquer à deux périodes distinctes de l'année. Ainsi, on pourra faire une lasagne au printemps, si on a accumulé les résidus de cuisine durant l'hiver, ou à l'automne, puisqu'on se retrouve tout à coup avec beaucoup de matériaux verts tels que les annuelles et les plantes potagères.

Comme dans la célèbre recette de lasagne, les couches de matériaux sont alternées, mais la séquence « pâte/sauce/fromage » sera remplacée ici par une succession de « brun-vert-terre ». Procédez de la façon suivante :

- Choisissez le site et assurez-vous qu'il est de niveau et bien drainé. Vous pouvez enlever la pelouse, ce qui facilitera les échanges entre la terre en place et les matériaux mis au compost, mais cette étape est facultative, puisqu'à moyen terme la pelouse se décomposera [1].
- Rassemblez tous les matériaux disponibles.
- Préparez les matériaux de façon à ce que les plus coriaces soient fractionnés au maximum. Utilisez un sécateur, une machette ou une déchiqueteuse pour les branches, et la tondeuse ou le taille-bordure pour les feuilles.
- Disposez sur le sol une première couche de 6 à 8 cm de matériaux bruns. Ajoutez 3 à 4 cm de matériaux verts puis une

1

2

3

pelletée de bonne terre de jardin ou de compost et arrosez si les matériaux sont secs (la lasagne faite au printemps avec les résidus de cuisine accumulés durant l'hiver a rarement besoin d'arrosage) [2-3-4-5].

- Répétez les opérations décrites à l'étape 4, jusqu'à ce que le composteur soit plein ou que le tas atteigne une hauteur de 1 mètre, ou enfin que vous ayez utilisé tous les matériaux. Terminez par une couche de matériaux bruns et arrosez le tout si nécessaire [6].
- À l'aide d'un bâton, d'un tuteur ou de tout autre instrument pointu, faites des trous à plusieurs endroits.
- Fermez la boîte à compost ou couvrez le tas à l'aide d'une bâche à compost ou de toute autre toile (évitez le plastique) [7].
- Surveillez l'élévation de température à l'intérieur du tas. En y introduisant un bâton métallique, vous devriez sentir une bonne chaleur au bout de 4 à 7 jours.
- Lorsque vous ne sentez presque plus de chaleur, il est temps de retourner le tas.
- Surveillez l'évolution et réajustez au besoin (voir les facteurs qui influencent la vitesse de décomposition).

Note : pour une première tentative, on suggère de mettre deux fois plus de matériaux bruns que de matériaux verts. Avec l'expérience, cette proportion sera réajustée en fonction des résultats obtenus.

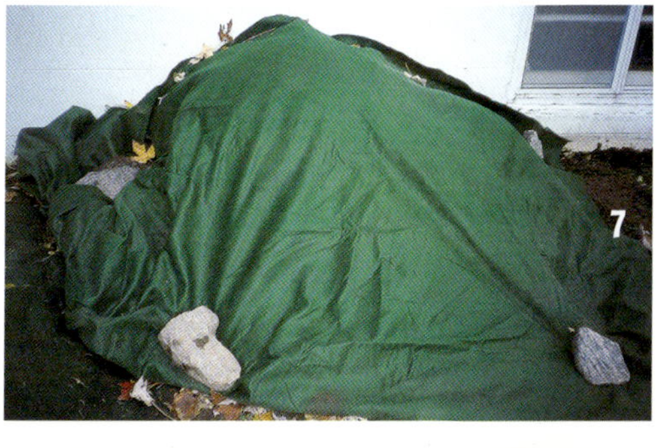

## La méthode d'accumulation graduelle ou la méthode de compostage à froid

La méthode d'accumulation graduelle aussi connue sous le nom de méthode de compostage à froid est la plus commune et la plus simple. Elle consiste à composter des matériaux au fur et à mesure de leur disponibilité. Comme son nom l'indique, cette méthode ne permet pas de provoquer une hausse importante de température. C'est pourquoi on devra prendre davantage de précautions pour ne pas introduire des pathogènes ou des semences de plantes adventices.

Comme dans la méthode « lasagne », on accumule successivement des matériaux bruns et des matériaux verts, mais la procédure est moins systématique et se fait au gré de la disponibilité des matériaux. Néanmoins, voici quelques règles de base.

- Une fois votre composteur installé à l'endroit choisi, mettez-y, dans un premier temps, une bonne quantité de matériaux bruns (10 cm ou plus).
- Ajoutez les matériaux verts selon leur disponibilité. Enfouissez les résidus de cuisine ou ajoutez des matériaux bruns pour les recouvrir.
- Ajoutez périodiquement des matériaux bruns de façon à obtenir une proportion (très approximative) de deux parties de bruns pour une partie de verts.
- Ajoutez une pelletée de terre ou de compost de temps à autre (cet ajout sera particulièrement important si vous ne compostez que des résidus de cuisine et des feuilles qui comportent peu de vie microbienne).

- Surveillez le taux d'humidité. Le compost doit demeurer légèrement humide sans être détrempé. Profitez de la pluie pour humidifier votre compost ou arrosez au besoin.
- De temps à autre, brassez le mélange en utilisant un aérateur à compost ou tout autre instrument ou retournez le compost.
- Continuez l'accumulation jusqu'à pleine capacité de votre composteur, puis transvidez son contenu dans un second composteur*. Ainsi, les matériaux qui sont peu décomposés se retrouveront au fond du composteur, alors que les plus avancés seront sur le dessus.
- Surveillez le processus et intervenez au besoin (voir section : *Les problèmes et les solutions*).
- Continuez l'accumulation de nouveaux matériaux dans l'unité (composteur) qui est vide.
- Si vous n'avez qu'un seul composteur, procédez à la récolte en extrayant le compost mûr (voir section : *La récolte, enfin !*), puis remettez au composteur les matériaux qui ne sont pas suffisamment décomposés.

## Les facteurs qui influencent la vitesse de décomposition

La vitesse de décomposition du compost dépend de plusieurs facteurs et c'est l'ensemble de tous ces facteurs qui favorisera ou non l'accélération du processus de compostage. Si vous êtes du genre plutôt pressé ou hyperactif et disposez de beaucoup de temps, vous pourrez faire du compost en trois mois. Pour ce faire, vous devrez considérer scrupuleusement les principaux facteurs qui activent la vitesse de décomposition. À l'opposé, si vous êtes plutôt du genre relax et que vous accumulez de la matière organique sans trop lui apporter d'attention, soyez patient car il se peut que vous deviez attendre jusqu'à trois ans avant que le processus de compostage ne soit complété. Enfin, vous êtes peut-être comme la majorité des gens, c'est-à-dire que vous êtes prêt à y mettre un peu du vôtre sans pour autant que le compostage ne devienne l'activité principale de votre vie. Dans ce cas, il sera très réaliste de prévoir votre récolte après une période d'un an. Voici les facteurs qui ont une influence sur la vitesse de décomposition du compost.

## La méthode de compostage et la dimension du tas

La méthode de compostage en une opération (« lasagne ») s'avère l'une des méthodes les plus rapides surtout si elle implique un volume minimal de 1 mètre cube. Ainsi, l'augmentation de la température est l'indice d'une activité intense des micro-organismes, donc d'une décomposition accélérée de la matière organique.

## La diversification des matériaux

Plus le mélange des matériaux bruns et verts sera équilibré, plus le processus de compostage se fera rapidement. C'est avec l'expérience que vous en arriverez à développer la recette idéale avec les déchets que vous générez.

## La fragmentation du matériel

Plus le matériel est fragmenté, plus les micro-organismes ont la possibilité d'envahir les tissus organiques rapidement. D'où l'importance de couper, déchiqueter, tailler les matériaux les plus coriaces.

## L'aération

Plusieurs stratégies sont possibles pour s'assurer qu'il y ait suffisamment d'air dans le compost. Ce sont :

- l'utilisation d'un contenant aéré (pas trop) ou d'une bâche qui laisse pénétrer l'air ;
- le retournement du tas ;
- le brassage du tas avec un outil d'aération ou une fourche-bêche ;
- l'installation de tuyaux d'aération (pour les gros tas).

## L'humidité

Le compost doit avoir les qualités d'une éponge essorée. Il doit être humide au toucher, mais ne pas laisser échapper d'eau lorsqu'on le presse. Pour éviter le gaspillage de l'eau potable, on profitera d'une journée pluvieuse pour enlever le couvercle du composteur. L'eau que l'on recueille des gouttières offre également la possibilité d'humidifier le compost, au besoin.

## L'ajout d'accélérateurs naturels

Même si plusieurs accélérateurs à compost sont vendus sur le marché, il n'est pas

« éconologique » d'acheter ceux-ci. Si vous désirez ajouter un accélérateur à compost « gratuit », utilisez plutôt de la terre de votre jardin, votre vieux compost, des rognures de pelouse, de l'urine humaine diluée ainsi que plusieurs plantes qui sont riches en azote dont la fougère, le pissenlit, l'ortie, l'achillée, la consoude, la valériane, la camomille ou un purin fait de ces plantes.

## Les problèmes et les solutions

Les petits désagréments qui peuvent survenir dans le processus de fabrication du compost sont loin d'être insolubles. Au contraire, ils vous permettront de repenser certaines pratiques qui ne sont peut-être pas encore tout à fait au point (voir tableau page 56).

## La récolte, enfin !

Le moment de la récolte dépendra du stade de maturité de votre compost ou de vos besoins. On reconnaît un compost mûr à son odeur de bonne terre, à sa couleur qui varie de brun à noir et au fait que les matériaux de base ne sont plus identifia-

| PROBLÈMES | CAUSES | SOLUTIONS |
|---|---|---|
| **Odeur d'amoniaque** | Trop de matériaux très riches en azote (problème des rognures de pelouse). | Ajoutez des matériaux riches en carbone et retournez le tas. Laissez sécher partiellement les rognures de pelouse avant de les mettre dans le composteur. |
| **La décomposition ne semble pas s'amorcer, la température augmente peu** | Méthode d'accumulation graduelle ou volume trop petit.<br>Trop de matériaux bruns ou manque de micro-organismes.<br>Trop sec. | Optez pour la méthode de compostage à chaud (« lasagne »).<br>Ajoutez des matériaux azotés et (ou) de la terre puis mélangez ou retournez le tas.<br>Humidifiez. |
| **Odeur de putréfaction** | Présence de matériaux non recommandés.<br>Quantité importante de résidus de cuisine.<br>Tas trop humide.<br>Tas trop compacté. | Évitez tous les matériaux non recommandés.<br>Ajoutez une pelletée de terre et (ou) de matériaux bruns et mélangez ou retournez le tas.<br>Découvrez le tas par temps sec.<br>Mélangez ou retournez le tas. |
| **Présence de vermine (rats...)** | Présence de matières non recommandées ou habitat favorable à ces animaux... (campagne !). | Éliminez tous les matériaux non recommandés.<br>Installez un couvercle solide.<br>Installez, sous le composteur, un grillage fin (mailles de 1 cm). |
| **Présence de mouche** | Présence de matériaux non recommandés<br>Mauvais recouvrement des résidus de cuisine. | Éliminez tous les matériaux non recommandés.<br>Assurez-vous de toujours enfouir les résidus de cuisine ou les recouvrir de matériaux riches en carbone. |

bles et que les vers de terre sont absents. Quoique la majorité des plantes requièrent du compost mûr, certaines plantes légumières apprécient grandement le compost jeune ou moyen. C'est le cas des courges, des concombres, des citrouilles, des tomates. Dans le compost jeune, les matériaux sont encore identifiables; on peut noter une certaine chaleur si le compost est très jeune ou la présence de vers de terre si le compost est au stade intermédiaire.

Si vous avez besoin de compost mûr et que la décomposition ne semble pas totalement terminée, vous pouvez utiliser un tamis pour retirer la partie mûre de votre compost. Pour ce faire, un simple cadre de bois (idéalement de la dimension de votre brouette), sur lequel vous fixerez un grillage dont les carrés auront entre 1 et 1,5 cm de côté, fera l'affaire. Tout ce qui passera à travers le tamis pourra être utilisé alors que le reste sera réintroduit dans le compost.

Voilà ! Même si tout cela vous semble un peu compliqué pour le moment, n'hésitez surtout pas à commencer cette belle expérience, car vous constaterez très vite que ce n'est pas sorcier. D'ailleurs, on définit le compost comme étant le résultat de la décomposition contrôlée de la matière organique et cette décomposition se produit de façon naturelle, qu'on le veuille ou non, car elle est la résultante du travail collectif d'un ensemble de petites bestioles. En fait, toutes les pratiques décrites précédemment visent simplement à accélérer cette décomposition.

C'est sans aucun doute que d'ici quelques mois, les gestes associés au compostage seront intégrés à votre vie quotidienne. Ils deviendront des automatismes.

Vous arriverez à produire votre compost de plus en plus rapidement, avec moins d'effort.

De plus, comme tous les « pratiquants », vous ne tolérerez plus de voir de la matière organique dans une poubelle, car cela serait comme si on y jetait de beaux billets verts.

# La pelouse

## Sortir du cycle infernal du chimique pour économiser temps et argent

Que ce soit pour mettre en valeur nos aménagements ou pour faciliter nos activités estivales préférées, la culture de la pelouse offre de nombreux avantages. En fait, ce n'est pas la pelouse comme telle que nous devons remettre en question, mais plutôt le concept qui nous a été enseigné depuis plusieurs années. Ce concept, qui a comme référence des pelouses soi-disant parfaites de type « vert de golf », nous entraîne inévitablement dans un cercle vicieux. En effet, pour maintenir ce milieu artificiel qui se rapproche davantage d'un tapis de salon que d'un écosystème naturel, on doit continuellement se battre contre la nature. D'ailleurs, la culture exclusive d'une seule espèce de plantes, la monoculture, n'existe pas de façon naturelle ; c'est pourquoi on doit avoir recours aux pesticides. Cette pratique, associée à l'utilisation des engrais chimiques, à l'arrosage excessif et au ramassage des rognures de pelouse, n'est pas sans conséquences sur la santé de l'environnement et, par ricochet, sur la santé de notre portefeuille personnel et collectif.

Heureusement, il existe des solutions à la fois écologiques et économiques qui vous permettront d'obtenir des pelouses qui répondent à des critères de beauté plus réalistes.

## Les effets négatifs des pratiques d'entretien conventionnel

### L'utilisation des pesticides

L'utilisation des pesticides est sans contredit la pratique la plus contestable dans l'entretien des pelouses. Les pesticides sont des substances destinées à détruire, à contrôler ou à éloigner un organisme vivant considéré comme nuisible. Parmi les pesticides utilisés en horticulture, on retrouve les insecticides utilisés contre les insectes, les herbicides utilisés contre les plantes nuisibles et les fongicides utilisés contre les maladies.

Malheureusement, ces produits peuvent également être nocifs pour des organismes non ciblés, dont l'humain. En effet, plusieurs études démontrent des liens significatifs entre des problèmes de santé, particulièrement chez les individus à risque (les enfants, les femmes enceintes et les utilisateurs professionnels), et l'utilisation des pesticides associés à l'entretien des pelouses. Les pesticides ont également des effets pervers sur d'autres organismes vivants. Par exemple, lorsqu'on utilise un insecticide pour détruire un insecte nuisible, on risque également de tuer les prédateurs de ce ravageur. En effet, dans un environnement sain et tolérant, la nature elle-même se charge de maintenir la population des ravageurs à un niveau acceptable.

## Les engrais chimiques

L'utilisation abusive des engrais chimiques pour l'entretien des pelouses a également de graves conséquences sur l'environnement. Les engrais chimiques ou de synthèse visent à nourrir directement les plantes, et non le sol. De ce fait, ils causent des dommages importants à ce dernier et par le fait même aux plantes. Ainsi, le sol se dénature, c'est-à-dire que la population d'organismes vivants diminue, il a tendance à s'acidifier ou à s'alcaliniser, à se compacter et il présente un taux de salinité plus élevé. Par conséquent, les plantes qui poussent dans ces conditions sont moins vigoureuses, donc plus vulnérables aux ravageurs et aux maladies. Pour contrer cela, on aura souvent recours aux pesticides, perpétuant ainsi le cercle vicieux des produits chimiques (voir chapitre 2 *Les amendements et les engrais naturels : pas si chers que ça*, tableau comparatif des engrais chimiques et des engrais naturels).

## Le ramassage des rognures de gazon

Dans un souci d'hygiène discutable, plusieurs jardiniers ramassent les rognures de gazon après la tonte. Malheureusement, ils privent ainsi leur pelouse d'un apport en éléments minéraux équivalant à au moins 30 % de ses besoins. De plus, les sacs à ordures remplis de rognures de gazon qui prennent le chemin de l'incinérateur ou du site d'enfouissement en nombre effarant ne sont pas sans répercussions sur l'environnement. En effet, ces matières organiques enfouies dans un site (qui se décomposent en l'absence d'air) produisent des biogaz dont le méthane, un des gaz responsables de l'effet de serre. De même, les eaux de lixiviation qui s'écoulent des sites d'enfouissement sont une source de pollution importante. Enfin, le transport de tels déchets organiques implique des dépenses collectives non justifiées.

Certains jardiniers optent pour le compostage des rognures de gazon. Bien que cette pratique soit préférable à l'envoi aux ordures, elle implique certaines précautions. En effet, mal gérées, les rognures de gazon compostées en grosses quantités peuvent occasionner des odeurs nauséabondes (voir chapitre 3 *Le compost domestique : l'or brun du jardinier*).

## L'utilisation abusive de l'eau pour l'arrosage des pelouses

En entretien conventionnel, l'arrosage régulier des pelouses est une pratique courante. Non justifié la plupart du temps, l'arrosage entraîne une utilisation abusive de l'eau dans des périodes où cette ressource est souvent limitée. De plus, cette pratique implique des coûts importants pour la collectivité. En effet, l'eau que l'on considère à tort comme gratuite nous coûte cher. Lorsque l'eau sort du robinet, elle a été traitée pour la consommation et une fois utilisée, elle risque de polluer les cours d'eau si elle est chargée de fertilisant soluble. Évidemment, ces pratiques entraînent des coûts qui se répercutent directement sur nos comptes de taxes foncières. Comme nous le verrons plus loin, l'arrosage d'une pelouse écologique est rarement justifié.

## Le concept de la pelouse écologique

Heureusement, il est possible de profiter de nos étendues de verdure sans entraîner toutes les conséquences néfastes citées précédemment. Le concept de la pelouse écologique est somme toute assez simple. En fait, il se résume aux trois grands principes suivants : accepter et encourager la biodiversité ; adopter des pratiques d'entretien saines ; opter pour des solutions de rechange lorsque la culture de la pelouse n'est pas appropriée.

## Accepter la biodiversité

Accepter la biodiversité, c'est accepter la nature. Si vous observez une prairie ou une forêt naturelle, vous constaterez que plusieurs espèces y vivent en association. Dans une pelouse naturelle, cela se traduit par le fait que de jolies petites fleurs, du trèfle et même des pissenlits se mélangent aux graminées (Poacées). Ces diverses espèces de plantes s'entraident en favorisant la présence d'organismes utiles pour contrôler les infestations. Cependant, accepter la bio-diversité n'est pas synonyme de laisser-aller. Une pelouse si naturelle soit-elle implique des soins de base, comme nous le verrons dans la section suivante.

## Les pratiques régulières

### Le nettoyage de la pelouse

Le « nettoyage » de la pelouse est indispensable au printemps de même qu'à l'automne. En effet, les Graminées à gazon ont besoin de lumière pour croître et des débris, comme les branches mortes ou des feuilles, peuvent nuire à leur croissance. Pour le nettoyage, utilisez un balai à feuilles et râtelez la surface de la pelouse de façon à relever les brins de gazon et à enlever les feuilles mortes, le gazon mort et les autres détritus grossiers qui seront par la suite compostés.

Le nettoyage de printemps doit se faire uniquement lorsque le sol est suffisamment sec et que sa croissance a débuté. Il n'est nullement nécessaire et même dommageable de râteler la pelouse éner-

giquement puisque sur un sol en santé, les micro-organismes et les vers de terre se chargent de décomposer la matière organique restante. À l'automne, le ramassage des feuilles doit s'effectuer lorsque celles-ci sont présentes en quantité. Par contre, si elles sont peu abondantes, vous pouvez les retourner directement au sol en les déchiquetant à l'aide d'une tondeuse bien aiguisée. Bonne nouvelle, le déchaumage (voir encadré) est une intervention qui est rarement nécessaire en gestion écologique. Cependant, si vous êtes en période de transition et que votre pelouse comporte une épaisseur de chaume importante (plus de 1,5 cm), vous aurez avantage à éliminer le surplus de chaume en effectuant une aération suivie d'un terreautage au compost plutôt qu'un déchaumage.

## La tonte de la pelouse

Souvent banalisée, la tonte est pourtant une intervention primordiale dans l'obtention d'une pelouse saine et vigoureuse.

Le temps des pelouses tondues bien rases est heureusement révolu. Si ce n'est déjà fait, vous devriez ajuster votre tondeuse de manière à ce que la hauteur de tonte régulière se situe entre 6,5 et 8 cm. Cette pratique offre plusieurs avantages. Elle augmente la résistance des plantes à la sécheresse et aux ravageurs, elle limite la germination des adventices et elle encourage un enracinement plus profond. Feront exception à cette règle, la première tonte printanière ainsi que la dernière tonte automnale qui devraient être effectuées à 5 cm.

Les rognures de pelouse devraient être laissées sur place, c'est ce qu'on appelle l'herbicyclage. De cette façon, les rognures se décomposeront rapidement à condition :

- que la tonte soit effectuée régulièrement ;
- que l'on n'utilise que des engrais naturels et (ou) du compost ;
- que l'on n'utilise pas de pesticides.

En pratiquant l'herbicompostage, vous fournirez directement à la pelouse au moins 30 % de ses besoins en éléments nutritifs. Idéalement, vous devriez utiliser une tondeuse-déchiqueteuse qui permet de broyer les rognures très finement, accélérant ainsi leur décomposition. Et surtout, n'ayez crainte, les rognures de gazon ne causent pas de chaume (voir encadré) car elles sont fortement constituées d'azote, donc rapidement décomposées par les micro-organismes présents dans un sol en santé.

La qualité de coupe de votre lame de tondeuse est également très importante. Une lame bien affûtée offrira une coupe bien nette, alors qu'une lame abîmée arrachera littéralement les brins de gazon, les rendant ainsi plus vulnérables aux ravageurs et à la sécheresse.

Quand avez-vous fait aiguiser la lame de votre tondeuse la dernière fois ? Savez-vous qu'il est souhaitable de la faire aiguiser à toutes les 24 heures d'utilisation. Pour une pelouse de grandeur moyenne (300 à 500 mètres carrés), cela correspond plus ou moins à un aiguisage par année.

Pour éviter un stress évident à votre pelouse, ne coupez jamais plus du tiers de sa hauteur en une seule opération. De plus, durant les périodes de grandes chaleurs et de sécheresse, vous devriez interrompre toute tonte. À ce moment, les Graminées entrent en dormance et la tonte risquerait de les stimuler. Elles effectueront ainsi un effort ultime pour croître, alors que l'eau

n'est pas disponible. Enfin, en ce qui concerne le choix de la tondeuse, vous constaterez, à la lecture du tableau suivant, qu'il existe différentes possibilités. Si vous possédez déjà une tondeuse, il s'agit sans doute d'une tondeuse à essence, puisque c'est le modèle qui est le plus populaire.

Bien que ce type de tondeuse soit le moins approprié d'un point de vue environnemental, il ne serait pas écologique de vous en départir si celle-ci est encore en bon état. Cependant, lorsque votre tondeuse rendra l'âme, optez dans la mesure du possible pour un modèle plus respectueux de l'environnement.

## Le chaume

Le chaume est un enchevêtrement de racines, de tiges et de rhizomes de plantes qui meurent et s'accumulent entre le sol et les brins d'herbe. Lorsqu'il est abondant, le chaume rend la culture de la pelouse de plus en plus difficile, car les plantes ont tendance à s'y enraciner. De plus l'eau, ainsi que les engrais et les amendements, traversent difficilement cette barrière pour atteindre le sol. Enfin, certains ravageurs, tels que la punaise velue, adorent s'y cacher pour sucer la couronne des herbes. Le chaume est une conséquence directe de l'utilisation des engrais chimiques et des pesticides, puisque le sol ainsi dénaturé abrite peu de micro-organismes et de vers de terre qui se chargent habituellement de décomposer cette matière organique.

### Comparatif des différents modèles de tondeuse

| MODÈLE DE TONDEUSE | AVANTAGE | INCONVÉNIENT |
|---|---|---|
| **Tondeuse à essence 2 temps** | Facilement disponible. Plus efficace que tondeuse à quatre temps sur des terrains très escarpés. | Très polluante. Utilise énergie non renouvelable. |
| **Tondeuse à essence 4 temps** | Facilement disponible. | Polluante. Utilise énergie non renouvelable. Non adaptée pourdes terrains fortement escarpés. |
| **Tondeuse électrique avec fil** | Plus écologique qu'une tondeuse à essence. | On doit s'habituer à faire suivre le fil. |
| **Tondeuse électrique rechargeable** | Plus écologique qu'une tondeuse à essence. | Coûteuse. Lourde. Autonomie d'utilisation limitée. |
| **Tondeuse manuelle** | La plus éconologique : économique et écologique. | Pour petits terrains. Affûtage spécialisé. Ajustement de la hauteur de tonte limité. |
| **Tondeuse à énergie solaire** | Très écologique. | Excessivement coûteuse. Disponibilité réduite. |
| **Tondeuse robot à batterie rechargeable** | Écologique. | Excessivement coûteuse. Disponibilité réduite. |

## La fertilisation

Les graminées à pelouse sont des plantes relativement exigeantes en engrais. Si vous négligez cet aspect, il y a fort à parier que votre pelouse aura plutôt l'aspect d'une prairie sauvage d'ici quelques années. Bien que vous ayez avantage à accepter une certaine diversité de plantes dans votre pelouse, il est souhaitable de maintenir un certain pourcentage de Graminées car ces dernières demeurent les plantes les mieux adaptées au piétinement. Pour apporter les éléments minéraux essentiels à votre pelouse, des apports d'engrais naturels ou de compost (comme nous le verrons plus loin) devraient être effectués régulièrement.

Si vous optez pour l'engrais naturel, vous trouverez sur le marché des engrais naturels spécialement conçus pour les besoins de la pelouse. Assurez-vous qu'il s'agit bien d'un engrais naturel (voir le chapitre 2 *Les amendements et les engrais naturels : pas si chers que ça*).

Comme les engrais naturels sont peu ou pas solubles, vous pouvez les appliquer, à l'aide d'un épandeur, une fois par année seulement ou en plusieurs fois si vous préférez.

# Les pratiques occasionnelles

## L'aération

L'aération est une pratique qui consiste à extraire des « carottes » du sol dans le but de résoudre un problème de compaction. Elle favorise le développement des racines, l'assimilation des fertilisants et l'égouttement du sol de même que la vie microbienne. La compaction est plus fréquente dans le cas des sols qui ont une forte teneur en argile, ou qui sont régulièrement piétinés. Pour vérifier la compaction de votre sol, enfoncez un crayon de bois dans votre pelouse à une profondeur de 10 cm. Si vous devez utiliser une force importante, c'est que votre sol est compacté. Dans ce cas, une aération est justifiée.

La plupart du temps, l'aération doit être effectuée à l'aide d'un aérateur mécanisé. On peut louer un tel appareil ou requérir les services d'une compagnie d'entretien de pelouse qui effectuera le travail. Entre les deux options, la différence de coût est mince. Cependant, si vous vous associez à vos voisins, il est plus économique de choisir la location.

Si vous avez un très petit terrain, ou encore si la section de terrain à aérer est réduite, vous pouvez utiliser un aérateur manuel. Ce dernier n'extrait que deux ou trois carottes à la fois, mais c'est un excellent exercice auquel vous pouvez faire participer tous les membres de la famille à tour de rôle… quoique les plus pesants auront plus de facilité. Les périodes idéales pour effectuer l'aération sont le printemps ou l'automne. Cette intervention doit se faire lorsque le sol n'est pas trop humide car on risquerait de le compacter davantage en le piétinant. Le sol ne doit pas être trop sec non plus, car les carottes s'extirperont difficilement. Enfin, les périodes de grandes chaleurs sont à éviter.

Si l'aération est effectuée à l'automne, les « carottes » pourront être laissées sur place, elles se décomposeront durant l'hiver avec l'action du gel et du dégel. En d'autres temps, vous pourrez aussi choisir de laisser les « carottes » sur place sauf lorsqu'elles sont très compactes. Dans ce cas, ratissez-les, puis compostez-les… évidemment.

## Le terreautage au compost

Le terreautage au compost est une véritable cure de jouvence pour une pelouse qui a été entretenue avec des engrais chimiques et des pesticides depuis plusieurs années. En plus d'être une excellente source de nourriture pour les organismes du sol, le compost améliore la rétention d'eau dans les sols sableux et la structure des sols argileux, favorisant ainsi la culture des graminées à pelouse.

Le terreautage s'effectue au printemps ou à l'automne à la suite de l'aération, si cette dernière pratique est requise, et idéalement la veille d'une pluie. Il consiste à appliquer une très mince couche de compost sur la surface de la pelouse. Si vous utilisez votre propre compost, assurez-vous d'avoir pris certaines précautions pour éviter qu'il ne contienne des semences de plantes adventices (voir le chapitre 3 *Le compost domestique : l'or brun du jardinier*) et qu'il soit bien mûr. S'il contient encore des particules grossières, tamisez-le. Vous pouvez également opter pour un compost commercial à condition qu'il soit fin et bien décomposé. La dose recommandée varie de 0,5 à 1 kg par mètre carré selon la qualité du sol en place (à titre d'exemple, un sac de compost de tourbe et crevettes pèse approximativement 15 kg). Le compost est appliqué d'abord à la volée à l'aide d'une pelle. Par la suite, utilisez un balai à feuilles pour l'étendre et relever les brins de gazon.

Enfin, arrosez si aucune averse de pluie n'est prévue dans les 24 heures suivant l'application du compost. Le terreautage au compost est une opération relativement fastidieuse et dispendieuse, principalement si vous utilisez du compost commercial. C'est pourquoi il pourra être sage

de répartir le traitement de l'ensemble de votre terrain sur quelques années.

## Le réensemencement des surfaces dénudées et le surensemencement des pelouses clairsemées

Si vous observez que votre pelouse est clairsemée ou qu'elle comporte des surfaces dénudées pour diverses raisons (mortalité hivernale, infestation de ravageurs), vous devriez intervenir sans tarder. En effet, puisque le sol a horreur d'être laissé à nu, ces espaces vacants ou clairsemés seront rapidement envahis par les adventices qui prendront avantage de la situation. Bien qu'une certaine diversité soit souhaitable, une pelouse qui se respecte doit tout de même comporter une forte proportion de graminées. Les périodes idéales pour effectuer le semis de graminées à pelouse sont habituellement le milieu du printemps (du 15 mai au 15 juin) et la fin de l'été (du 15 août au 15 septembre).

Achetez des mélanges de semences de Graminées de la meilleure qualité. Si possible, procurez-vous des semences qui contiennent des endophytes, ces champignons microscopiques qui confèrent aux plantes une résistance à certains ravageurs tels que la punaise velue. Les mélanges de semences sont le plus souvent constitués de trois espèces de Graminées, dans des proportions variables, soit le pâturin du Kentucky, la fétuque et l'ivraie (ray-grass). Si votre pelouse a été implantée par plaques, elle est sans doute principalement constituée de pâturin du Kentucky. Vous avez donc avantage à choisir un mélange comprenant une forte proportion de fétuque pour introduire progressivement une certaine diversité. Dans le même ordre d'idées, pourquoi ne pas ajouter une petite quantité de semences de trèfle blanc nain (5 à 10 %) à vos semences de graminées ? Utilisez durant la saison les semences de graminées à pelouse que vous avez achetées, car elles perdent rapidement leur pouvoir de germination.

Pour effectuer le réensemencement partiel d'une surface dénudée, procédez de cette façon :

- Tondez les abords et râtelez les surfaces à ensemencer de façon à enlever le gazon mort et à ameublir légèrement le sol.
- Mélangez les semences à du compost et appliquez ce mélange sur les surfaces dénudées.
- Râtelez à nouveau et appuyez sur la surface en utilisant l'envers du râteau.
- Assurez-vous que les surfaces qui ont été réensemencées demeurent humides au moins pendant les dix jours suivants.

Pour effectuer un surensemencement d'une grande surface de pelouse clairsemée, effectuez d'abord un terreautage au compost et ensemencez par la suite.

## L'ajustement du pH

Comme il en a été question dans le chapitre traitant du sol, le pH optimal pour la majorité des plantes est relativement neutre. Dans le cas de la pelouse, il se situe autour de 6,5. Ayant observé la présence de certaines plantes indicatrices de sol acide (le fraisier des champs, l'épervière orangée et la petite oseille) ou à la suite d'une analyse de sol qui dénote un pH plus bas que 6, il y a lieu d'intervenir. Vous devrez alors utiliser de la chaux dolomitique ou de la cendre (voir chapitre 2 *Les amendements et les engrais naturels : pas si chers que ça*).

### DES SEMENCES À GAZON POUR L'OMBRE... QUI N'EN SONT PAS VRAIMENT

Si vous achetez des semences à gazon qui portent la mention « ombre », considérez plutôt que ce sont des semences de mi-ombre. Même si certaines espèces de Poacées (Graminées), comme les fétuques, ont besoin de moins d'ensoleillement que d'autres, aucune n'est vraiment adaptée pour croître dans des conditions réellement ombragées (moins de deux heures de lumière).

### Le contrôle des adventices

Puisque la majorité des interventions citées précédemment (fertilisation, aération, terreautage, réensemencement, ajustement de pH) visent à favoriser la culture des graminées au détriment des adventices, celles-ci devraient se maintenir à un taux tout à fait acceptable pour favoriser une certaine diversité.

Cependant, si vous désirez diminuer la population des adventices les plus imposantes telles que le pissenlit et le plantain, la méthode écologique la plus efficace demeure l'arrachage manuel. Concentrez vos efforts dans les parties les plus visibles de votre terrain, telle la façade. Utilisez un arrache-pissenlits ou un gros tournevis et effectuez cette opération après une pluie alors que le sol est plus meuble.

L'arrachage manuel des pissenlits offre d'autres avantages non négligeables. Cela vous permet d'aérer votre pelouse, de fabriquer un excellent purin et enfin de créer des liens avec les voisins qui, d'abord intrigués par votre technique, se convertiront peut-être comme vous à des méthodes d'entretien de pelouse respectueuses de l'environnement.

## Les solutions de remplacement à la culture de la pelouse

Bien que la pelouse diversifiée, constituée principalement de graminées, demeure la plupart du temps la culture la plus appropriée comme couvre-sol, il existe des situations où elle n'est pas adaptée. Dans ces cas, il vaudra mieux opter pour une

L'ombre dense n'est pas favorable à la culture des plantes à gazon

La petite pervenche, une plante couvre-sol d'ombre

solution de remplacement, plutôt que de perdre temps et argent à maintenir une culture qui ne convient pas aux conditions environnementales et qui sera plutôt agonisante.

Ainsi, lorsque dans certains secteurs de votre terrain, la luminosité est limitée, c'est-à-dire s'il y a moins de deux heures de soleil direct ou moins de six heures d'ensoleillement diffus, vous devriez oublier la culture des plantes à gazon (*Poacées*) pour la remplacer par des plantes couvre-sol d'ombre telles que la petite pervenche (*Vinca minor*), le lamier maculé (*Lamium maculatum*) ou le pachysandre du Japon (*Pachysandra terminalis*). Bien entendu, ces plantes ne toléreront pas le piétinement comme le ferait une pelouse, mais aménagées en massif et entourées de sentiers sinueux, elles offriront un joli coup d'œil tout en facilitant les déplacements.

Si certains secteurs de votre terrain sont fortement en pente et si de plus ils sont orientés vers le sud ou l'ouest, il y a fort à parier que vous aurez beaucoup de difficulté à y faire pousser les herbes à gazon, puisque celles-ci ont besoin de beaucoup d'eau pour survivre et que ces secteurs sont souvent très secs. De plus, ces endroits sont très difficiles, et parfois dangereux, à tondre. Songez plutôt à y aménager une plate-bande à l'aide de plantes vivaces tolérant les emplacements secs et ensoleillés telles que l'achillée (*Achillea*), le coréopsis (*Coreopsis*), l'euphorbe (*Euphorbia*), le sédum (*Hylotelephium*) ou le thym (*Thymus*) (voir chapitre 7 *Les annuelles, les vivaces et les plantes bulbeuses : des fleurs évidemment, mais pas à n'importe quel prix*).

Une section de terrain est-elle très fortement piétinée ? Vous aurez avantage à remplacer la pelouse par des matériaux inertes tels que la pierre naturelle, le pavé ou le gravier. Même si de nature, la pelouse peut résister à un certain niveau de piétinement, il ne faut pas perdre de vue que c'est un milieu vivant qui a ses limites, tout de même. Enfin, si vous bénéficiez d'un très grand terrain et que vous en avez assez de passer de longues heures à tondre la pelouse, vous pourrez convertir certains secteurs en des cultures plus utiles, les plantes légumières par exemple, ou encore y aménager un agréable pré fleuri.

**Le thym, une plante couvre-sol pour les emplacements secs et ensoleillés**

## La transition vers l'entretien écologique de la pelouse... et vers l'autonomie

Si vous amorcez la transition vers l'entretien écologique de votre pelouse alors que celle-ci a été entretenue de façon conventionnelle depuis plusieurs années, surtout soyez patient. Le sol de votre pelouse a été, en quelque sorte, dénaturé par l'utilisation

des engrais chimiques et des pesticides. C'est pourquoi cela peut prendre jusqu'à trois ans, malgré vos bons soins, avant qu'il reprenne toute sa vigueur.

Mais une fois les nouvelles pratiques installées, vous réaliserez que vous êtes enfin sorti du cercle vicieux des produits chimiques, et que dorénavant votre sol et par le fait même votre pelouse seront plus autonomes.

Vous pourrez alors compter sur la nature et ainsi économiser en évitant toutes sortes d'opérations autrefois essentielles. Ce faisant, vous éviterez interventions et déboursés inutiles, tout en respectant l'environnement.

**Un pré fleuri, une alternative pour les grands espaces**

**Des matériaux inertes sont préférables à la pelouse dans des secteurs fortement piétinés**

5

# Le potager

## Produire des légumes sains et économiser

Quel plaisir de récolter et de consommer des légumes sains, savoureux et frais provenant directement de son propre potager écologique ! Ceux-ci ne sont en rien comparables aux légumes plus ou moins « artificiels », issus de l'agriculture industrialisée. Ces derniers sont produits massivement à l'aide d'engrais chimiques, de pesticides et depuis quelques années, avec la contribution du génie génétique. Ces méthodes de production ne sont pas sans conséquences sur l'innocuité des aliments, de même que sur l'environnement.

Effectivement, les légumes produits de cette façon sont souvent insipides. Non seulement déséquilibrés en éléments minéraux, ils contiennent des résidus de pesticides. De plus, les pratiques de l'agriculture industrialisée entraînent la dégradation des sols, ainsi que la pollution de l'air et de l'eau. Ces constatations ne sont que la pointe de l'iceberg, car on ne connaît pas encore toutes les répercussions de ces pratiques sur l'environnement et la santé humaine.

Heureusement, il existe d'autres solutions qui nous permettent d'avoir accès à des légumes sains, provenant d'un mode de culture respectueux de l'environnement. À cet égard, trois options sont possibles. La première option consiste à acheter des légumes biologiques dans les magasins d'aliments naturels ou dans les supermarchés. Bien que les légumes biologiques soient souvent plus coûteux que les légumes issus de l'agriculture chimique, ils valent leur pesant d'or. Cependant, assurez-vous que les aliments que vous achetez soient approuvés par un organisme de certification reconnu. Privilégiez l'achat de légumes qui sont produits localement ou régionalement, car leur transport par camion (souvent sur plusieurs milliers de kilomètres) requiert une grande quantité d'énergie non renouvelable et polluante.

La deuxième option consiste à faire partie d'un regroupement d'acheteurs de légumes biologiques. Cette organisation connue sous l'appellation Agriculture soutenue par la communauté ou Paniers bio est un excellent choix. Elle permet d'encourager la production biologique locale ou régionale tout en ayant accès à des légumes frais, à des coûts très abordables.

Enfin, la dernière option, qui est évidemment la plus éconologique, demeure la production de ses propres légumes.

Que vous ayez la possibilité de cultiver sur de grandes surfaces de terrain ou que vous soyez limité à un petit jardin de ville, une parcelle de jardin communautaire et même à quelques contenants sur votre balcon, la culture écologique des plantes légumières s'avère une pratique à la fois rentable et très agréable. Dans le présent chapitre, vous découvrirez les règles de base de la culture écologique des plantes légumières.

## La planification du potager

Pour planifier convenablement cette fabuleuse aventure qu'est la culture des plantes légumières, il n'est jamais trop tôt. Ainsi, c'est à compter du mois de janvier, alors que la terre se repose sous plusieurs centimètres de neige, que vous pourrez vous asseoir à la table pour élaborer progressivement ce que sera votre potager de la prochaine saison. À ce stade, le matériel se résume à quelques éléments : du papier quadrillé, un crayon, des catalogues de semences et un ou deux bons livres traitant de la culture des plantes légumières.

## Le choix des plantes légumières

Le choix des plantes légumières devrait être dicté par les critères qui suivent.

### Votre expérience en tant que jardinier

Si vous en êtes à votre première expérience, optez pour des plantes légumières de culture facile telles que la bette à carde, le haricot, la laitue, le pois, le radis et la tomate. Si vous êtes un jardinier de niveau intermédiaire, vous pourrez en plus choisir l'ail, la betterave, la carotte, le concombre, les courges, l'épinard, l'oignon, le poivron et le poireau. Enfin, si vous jardinez déjà depuis plusieurs années, toutes les possibilités de culture vous sont offertes. Vos choix pourront donc se porter sur l'aubergine, le brocoli, le céleri, le chou de Bruxelles, le chou-fleur, le chou pommé, le maïs, le navet, la pomme de terre ainsi que plusieurs autres plantes légumières inusitées ici.

### Vos goûts et ceux des membres de votre famille

Évidemment, il serait dommage de gaspiller votre sol, des amendements, des engrais et de l'énergie pour cultiver des légumes qui ne seront appréciés de personne. Voilà pourquoi votre choix devrait être motivé par votre goût et par celui des membres de votre famille. D'ailleurs, ces derniers seront peut-être plus enclins à vous offrir leur aide pour des menus travaux au jardin (comme la récolte), si vous cultivez les plantes légumières qu'ils aiment. Si vous avez des enfants ou des petits-enfants, ils raffolent habituellement des mini-légumes tels que les mini-carottes et les mini-tomates.

Carotte

Pomme de terre

Différentes variétés de pomme de terre

## La rareté de certains légumes sur le marché

Certains légumes ne se retrouvent que très rarement sur les tablettes des supermarchés, car ils ne répondent pas à la demande de la majorité des consommateurs. Pourtant, si vous avez un peu d'expérience, vous pourrez tenter la culture de légumes plus rares tels que les pommes de terre bleues, les betteraves jaunes, les cerises de terre, les pâtissons et plusieurs autres légumes peu communs.

## Les possibilités de conservation des légumes choisis

Selon les possibilités de conservation dont vous disposez, vous pourrez choisir de cultiver certains légumes, en quantité plus ou moins grande. Ainsi, si vous avez accès à une chambre froide ou à un congélateur, les possibilités de conservation seront accrues.

## Les caractéristiques particulières de certaines plantes légumières

Certaines plantes légumières possèdent des caractéristiques particulières qui ajoutent aux avantages de leur culture. On optera, par exemple, pour le maïs à cause de sa très grande dimension puisque celui-ci servira de brise-vent pour les plantes qui apprécient la chaleur comme les cucurbitacées. D'autre part, plusieurs plantes potagères ont des propriétés esthétiques particulières dues à leur couleur ou à leur forme originales qui apportent un attrait particulier au potager. À titre d'exemple, la bette à carde rouge, le haricot d'Espagne et l'artichaut ont des propriétés ornementales intéressantes.

## L'emplacement et la dimension du potager

Le premier critère à considérer pour choisir l'emplacement de votre potager est l'ensoleillement. L'endroit déterminé devrait bénéficier d'un minimum de huit heures d'ensoleillement direct. Si vous avez le choix, privilégiez un secteur dont l'ensoleillement est concentré en début plutôt qu'en fin de journée. Peu de plantes légumières s'accommodent de conditions mi-ombragées, mais la laitue, l'épinard et le brocoli pourront croître avec seulement cinq à six heures d'ensoleillement.

Le terrain doit être bien drainé car les plantes légumières n'apprécient pas avoir les pieds dans l'eau. Il devrait être plat ou légèrement en pente, ce qui est un avantage si la pente est orientée vers le sud ou vers l'ouest. Vous devriez aménager votre potager le plus loin possible des arbres à grand déploiement. Ainsi, vous éviterez l'ombre occasionnée par ceux-ci, de même que les risques d'envahissement des racines. La présence d'arbustes peut être avantageuse à proximité du potager, car ces derniers feront office de brise-vent. Ils devraient cependant être situés à au moins deux mètres du potager. De plus, il ne faudrait pas oublier d'effectuer des apports de compost et (ou) d'engrais à ces arbres et arbustes afin qu'ils ne soient pas tentés de puiser le tout dans votre potager.

Enfin, pour faciliter les déplacements, votre potager devrait être situé près de la sortie d'eau, du site de compostage ainsi que de la cuisine et si possible être visible à partir de l'intérieur de la maison (cela peut s'avérer utile pour surveiller les visiteurs indésirables à quatre… et même à deux pattes).

## Les semences

Le choix des semences de plantes légumières est considérable, mais leur qualité ne va pas de pair. En effet, la majorité des semences disponibles sur le marché sont issues de l'agriculture industrialisée. De plus, elles sont traitées avec des fongicides chimiques. En jardinage écologique, on devrait privilégier l'utilisation de semences biologiques ou du moins non traitées. Enfin, lorsqu'elles sont disponibles, on devrait plutôt choisir les semences à pollinisation libre par opposition aux semences hybrides. Ces dernières ont été conçues pour répondre aux besoins de l'industrialisation. Les légumes qui en sont issus sont tous de couleur, de forme et de dimensions égales, ils résistent bien à la manipulation et au transport, mais ne répondent pas nécessairement à la principale qualité recherchée par les jardiniers, soit le goût. De plus, l'hybridation encourage la perte de la biodiversité, un phénomène néfaste pour l'environnement.

Pour vous procurer des semences, vous avez tout avantage à les commander par catalogues, auprès de fournisseurs de semences de renom. Vous aurez ainsi un plus vaste choix de semences biologiques ou non traitées, un meilleur contrôle de la qualité et souvent un meilleur prix à qualité égale. Et pourquoi ne pas vous associer à un ami ou à un voisin pour faire une commande commune ? Ce sera une excellente façon de diminuer les frais de transport tout en partageant les sachets de semences qui sont souvent trop volumineux pour un petit jardin.

Une fois que vous aurez reçu vos semences, indiquez l'année sur les sachets et conservez-les dans de bonnes conditions, soit au frais et au sec, pour en maximiser la viabilité. Utilisez, pour ce faire, un contenant hermétique que vous placerez dans une pièce fraîche (habituellement au sous-sol) ou au réfrigérateur. Cependant, sachez que même dans des conditions idéales, la viabilité des semences est variable d'une espèce à l'autre. Par exemple, les semences de maïs ne se conservent que de un à deux ans, alors que les semences de tomates peuvent se conserver quatre ans et même plus. N'entreposez jamais de semences dans le cabanon ou le garage, car les écarts importants de température et d'humidité leur feront perdre rapidement leur viabilité.

Si vous doutez du pouvoir de germination de certaines semences que vous conservez depuis quelques années, le petit test de germination suivant pourra vous être utile.

### Test de germination

Placez dix graines sur un papier essuie-tout humide et pliez-le en deux. Glissez le papier essuie-tout dans un sac de plastique transparent et placez le tout dans un endroit chaud (par exemple sur le dessus du réfrigérateur). Après quelques jours (délai variable selon l'espèce), la germination devrait s'amorcer et vous devriez apercevoir des petites pousses vertes au travers du papier. Analysez le résultat selon le barème suivant :

- si les semences ont germé à plus de 70 %, considérez que ce résultat est bon et utilisez vos semences normalement ;
- si vous avez obtenu entre 50 et 60 % de germination, il s'agit d'un résultat moyen. Assurez-vous alors d'effectuer votre semis deux fois plus densément ;
- enfin, si vous avez obtenu 40 % et moins de germination, ce résultat est plutôt médiocre. Vous devriez vous procurer de nouvelles semences.

## Les semis intérieurs

Plusieurs plantes potagères requièrent des semis intérieurs qui devront ensuite être repiqués au potager. C'est le cas, notamment, de l'aubergine, du brocoli, du céleri, du chou de Bruxelles, du chou-fleur, du chou pommé, du poivron, du poireau et de la tomate. Sans cette pratique, la saison de croissance souvent trop courte ne nous permettrait pas de récolter des légumes à maturité.

Vous trouverez les périodes de semis spécifiques à chaque plante légumière dans le tableau de la culture des principaux légumes. Quant aux informations sur l'équipement et la technique du semis intérieur, elles seront incluses dans le chapitre 9 *Les semis intérieurs et la culture des plantes en pots : pour des pratiques éconologiques*.

# La culture en planche

La culture en planche est une méthode qui consiste à regrouper les plantes légumières en plusieurs rangs serrés sur des surfaces de culture de formes et de dimensions diverses.

Contrairement à la méthode traditionnelle, qui consiste à aménager le potager avec des rangs et des allées, la culture en planche offre de nombreux avantages, dont le principal est de considération économique. En effet, la culture en planche est économique puisqu'elle permet d'optimiser l'espace (elle est donc tout à fait

appropriée pour un petit potager), de réduire les apports de compost, de paillis et d'engrais. De plus, la culture en planche permet de réduire la compaction près des racines, puisque les surfaces de culture sont essentiellement réservées aux plantes. Pas question d'y déposer ne serait-ce que le petit orteil. Enfin, puisque les plantes légumières y sont étroitement associées, il reste peu d'espace pour l'envahissement par les adventices.

La forme des planches peut être diverse. Quoique la forme rectangulaire soit la plus commune, les planches peuvent également être carrées, rondes, ovales ou de toute autre forme. La dimension doit cependant répondre à certaines règles. Ainsi, la largeur des planches peut varier de 1 à 1,5 m, mais elle ne devrait pas dépasser deux fois la longueur de votre bras. Les petites personnes auront donc avantage à aménager des planches étroites. La longueur peut varier de un à plusieurs mètres, mais si elle dépasse 2 m, vous devriez installer une petite planche de bois ou une pierre plate dans le centre de votre planche, à tous les 2 m afin que vous puissiez passer d'un côté à l'autre de la planche.

Selon votre type de sol, vos planches de culture pourront être plus ou moins surélevées. En fait, si votre sol est fortement constitué d'argile, vous pourrez surélever vos planches jusqu'à une hauteur de 30 cm. Par contre, si votre sol contient une forte proportion de sable, vous n'avez pas intérêt à surélever vos planches, ce qui risquerait d'accroître le manque d'eau, puisque ce type de sol se draine déjà amplement. Concernant les allées, celles-ci devraient avoir une largeur de 30 cm (la largeur de la partie métallique d'un râteau). Cependant, pour un grand potager, les allées principales pourront avoir une largeur de 45 cm, afin de faciliter les déplacements avec la brouette.

# La rotation des plantes légumières

La rotation des plantes légumières est une technique qui consiste à faire se succéder, d'une année à l'autre, un groupe de plantes sur une même section du potager (la section peut correspondre à une planche pour un petit potager). Les sections demeurent permanentes, ce sont les groupes de légumes qui se déplacent. La rotation peut s'effectuer sur un cycle allant de deux à huit ans, mais la pratique la plus courante consiste à effectuer la rotation selon un cycle de quatre ans.

Le potager pourra être divisé en autant de planches ou de sections que le nombre d'années de rotation prévues.

Les avantages de la rotation sont nombreux. Elle permet de prévenir les déséquilibres d'ordre minéral, car les plantes qui se succèdent ont des exigences différentes en éléments minéraux; elle permet aussi d'éviter les infestations d'insectes et de maladies, qui sont résiduelles dans le sol et, enfin, de maximiser l'utilisation du compost et des engrais.

Il existe différents types de rotation. On peut effectuer la rotation en fonction des familles de plantes, de leur mode végétatif (légumes-feuilles, légumes-racines, légumes-fruits et légumes-graines) et enfin selon leurs exigences en fertilisation.

La rotation peut aussi être réalisée selon une association des méthodes "famille" et "fertilisation", mais cette pratique, quoique idéale, est plutôt laborieuse à mettre en application pour les potagers de moyenne et de petite dimension. Pour ces derniers, la méthode de rotation selon les exigences en fertilisation demeure la plus appropriée.

## La rotation en fonction des exigences des plantes en fertilisation

Dans ce type de rotation, les plantes légumières choisies doivent d'abord être classées selon leurs exigences en fertilisation. La rotation se fait idéalement sur quatre ans, mais elle peut être réduite à trois ans lorsque la diversité des plantes cultivées est limitée.

**Rotation en fonction des exigences des plantes en fertilisaion**

| EXIGENCES DE FERTILISATION | PLANTES LÉGUMIÈRES |
|---|---|
| **Aucune = 0** | Engrais vert ou Fabacées: pois, haricot, gourgane |
| **Élevées +++** | Aubergine, artichaut, céleri, citrouille, courge, concombre, maïs, tomate |
| **Moyennes ++** | Ail, chou pommé, bette à carde, brocoli, chou-fleur, chou de Bruxelles, chou-rave, laitue, épinard, poireau, poivron |
| **Basses +** | Pomme de terre, oignon, navet, carotte, betterave, radis |

Un petit potager aménagé selon les principes de rotation

Dans un premier temps, à l'aide du tableau suivant, déterminez les exigences des plantes que vous désirez cultiver.

Ensuite, dessinez un plan de votre potager sur lequel vous identifierez les secteurs (3 ou 4 secteurs). Dans l'exemple suivant, les 4 secteurs ont été identifiés par les lettres A, B, C et D. À ce stade, votre schéma pourra être photocopié. Il vous servira de base pour les années suivantes. Placez maintenant sur votre plan les codes représentant les groupes de plantes tels que (0, +, ++, +++) et indiquez l'année.

Les groupes de légumes se déplacent chaque année, de secteur en secteur, selon l'ordre suivant : on cultive d'abord les engrais verts ou les Fabacées (0), ensuite les plantes très exigeantes (+++), puis les plantes moyennement exigeantes (++) et, enfin, les plantes peu exigeantes (+). Dans l'exemple suivant, les groupes de plantes se déplacent en sens inverse des aiguilles d'une montre.

Bien qu'elle comporte de nombreux avantages, la rotation des plantes légumières n'est pas toujours facile à mettre en application, et ce, particulièrement pour les petits potagers. Certaines contraintes telles que l'espace, le peu de diversité des plantes cultivées, la hauteur importante de certaines plantes et l'ensoleillement minimal de certains secteurs ne permettent pas de procéder à une rotation systématique. Dans ces cas, assurez-vous du moins que les plantes les plus vulnérables aux ravageurs et aux maladies ne se retrouvent pas au même endroit, d'une année à l'autre. C'est le cas de la pomme de terre, de la tomate et des plantes de la famille des Brassicacées (Crucifères).

## Le compagnonnage

Le compagnonnage est une technique qui consiste à associer une plante compagne à une plante hôte dans le but de faciliter la culture de cette dernière. Dans certains cas, les deux plantes associées s'aident mutuellement. Bien que les mécanismes en cause ne s'expliquent pas toujours scientifiquement, plusieurs jardiniers reconnaissent les bienfaits de certaines associations de plantes. Cependant, les effets du compagnonnage peuvent varier en fonction des facteurs environnementaux et des caractéristiques du cultivar. Il existe des tableaux sophistiqués de compagnonnage des plantes, mais leur mise en pratique est souvent ardue. Par conséquent, pour vous éviter des maux de tête, tenez-vous-en aux associations classiques de la liste suivante :

### Rotation par année

| 1re ET 5e ANNÉES | | 2e ANNÉE | | 3e ANNÉE | | 4e ANNÉE | |
|---|---|---|---|---|---|---|---|
| 0<br>A | +++<br>B | +++<br>A | ++<br>B | ++<br>A | +<br>B | +<br>A | 0<br>B |
| +<br>D | ++<br>C | 0<br>D | +<br>C | +++<br>D | 0<br>C | ++<br>D | +++<br>C |

- l'oignon et la carotte (l'oignon aurait un effet répulsif sur la mouche de la carotte et la carotte aurait le même effet sur la mouche de l'oignon) ;
- le haricot et la pomme de terre (le haricot aurait un effet répulsif sur le doryphore de la pomme de terre) ;
- le souci (Calendula) et le tagète (Tagetes) sont de jolies fleurs qui éloignent de nombreux ravageurs, partout au potager. De plus, associé à la tomate, le tagète réduit la population de nématodes ravageurs de ses racines ;
- plusieurs plantes aromatiques agissent en provoquant la confusion chez le ravageur qui ainsi ne trouve plus la plante hôte. C'est le cas pour les associations suivantes : l'aneth avec le concombre, le basilic et le persil avec la tomate, la coriandre avec la carotte, la marjolaine et la sarriette avec le poivron, l'aubergine et les Brassicacées (Crucifères) ;
- certaines fleurs ont également la propriété d'attirer des insectes pollinisateurs et prédateurs. Ce sont la plupart du temps des espèces indigènes ou des fleurs à corolles simples, dont voici quelques exemples : le tithonia, le coréopsis, la gaillarde, la bourrache et le tournesol qui attirent les prédateurs, et le trèfle blanc, le crocus, la corbeille d'or et l'échinacée pourpre qui attirent les pollinisateurs.

Malgré le fait que le compagnonnage soit avantageux, il ne doit pas devenir la pratique privilégiée du jardinier. Il devrait plutôt demeurer un complément aux autres pra-

tiques préventives d'entretien que sont le maintien d'un sol et d'un environnement en santé, la biodiversité et la rotation (voir chapitre 10 *Les ravageurs et les maladies : prévenir plutôt que guérir*).

## Le journal de bord et le plan du jardin

Si vous n'avez pas déjà pris cette bonne habitude, vous devriez dès maintenant commencer à regrouper toutes les informations relatives à votre jardin, dans un journal de bord. La mémoire est une faculté qui oublie. Par conséquent, vous aurez avantage à consigner dans votre journal de bord, plusieurs informations pertinentes, telles que les dates de semis et de repiquage, la provenance des semences et des plantes, les cultivars utilisés, les problèmes d'insectes et de maladies, les dates et la quantité des récoltes, les températures exceptionnelles et enfin tous les bons et les mauvais coups. De plus, si vous utilisez un cahier à anneaux comme journal de bord, vous pourrez y glisser le plan de votre jardin, les formulaires de commande de semences et de plants, etc.

Une fois vos légumes choisis et les principes de culture en planche, de rotation et de compagnonnage intégrés, vous devriez être en mesure de procéder à l'élaboration de votre plan de jardin. Pour ce, n'ayez crainte, vous n'avez pas besoin d'avoir de grands talents d'artiste. En fait, tout ce dont vous avez besoin, c'est du papier quadrillé, une règle, un crayon à mine et… une gomme à effacer.

## La mise en place du potager

Après un long hiver, où vous avez pris soin de bien planifier l'élaboration de votre potager, vous serez sans doute impatient de procéder à sa mise en place. Pour cela, vous aurez besoin du matériel suivant : le plan de votre jardin, des petits piquets, de la corde, un ruban à mesurer et vos outils de base (voir chapitre 11 *Les outils, les accessoires et les ornements : récupérer et investir là où ça compte*).

Si ce n'est déjà fait, faites d'abord connaissance avec votre sol (voir chapitre 1 *Le sol : le connaître et le dorloter, un investissement rentable*). Ensuite, assurez-vous que votre sol soit suffisamment sec avant d'y circuler, car vous risqueriez de le compacter. Enfin, le moment venu, procédez selon les étapes suivantes.

- Délimitez le contour de votre potager à l'aide de piquets et d'une corde, si les côtés sont droits, ou à l'aide d'un tuyau d'arrosage souple, si le pourtour prévu comporte des courbes.
- Découpez le contour à l'aide d'un coupe-bordure (demi-lune) ou d'une pelle-bêche.
- Soulevez les plaques de gazon (ou ce qui en reste) à l'aide d'une fourche-bêche et laissez-les sécher sur place durant quelques heures ou une journée. Pour les grandes surfaces, il peut être avantageux de louer une « détourbeuse ». Ensuite, secouez les plaques afin de conserver le maximum de sol. Les plaques de gazon ainsi retirées pourront être réutilisées ailleurs ou compostées. Pour les composter en grande quantité, placez-les face contre face, humectez-les et couvrez le tout.
- Procédez au travail du sol selon une des options suivantes :

Effectuez le bêchage à la main à l'aide de la fourche à bêcher pour les petites et les moyennes surfaces. Cette opération a pour but d'ameublir le sol et de contrôler les plantes adventices. Tout en travaillant le sol, enlevez les végétaux (tiges et racines) et les grosses pierres et profitez-en pour détruire les indésirables tels les vers blancs, les vers gris et les limaces. Assurez-vous de toujours effectuer le bêchage à reculons de façon à ne pas circuler sur le sol qui a été bêché. (Après quelques années de culture écologique, une fois que votre sol sera revitalisé, vous pourrez utiliser une binette à dents plutôt que la fourche à bêcher pour effectuer un travail minimal en surface.)

Si vous optez pour le travail mécanisé, choisissez de préférence un motoculteur avec lame arrière. Cette méthode ne devrait être réservée qu'aux grandes surfaces, car elle a le désavantage de briser la structure du sol (surtout si l'opération est effectuée trop rapidement) et de maltraiter les vers de terre.

- Tracez le contour des planches et des allées à l'aide de piquets et de corde. À ce stade, vous pourrez, si vous le désirez, délimiter le pourtour de votre potager en vous servant de planches de bois (non traitées évidemment), de pierres, de briques ou de blocs de béton.

- Rehaussez le niveau des planches (10 à 30 cm) des sols lourds (à forte teneur en argile) en transférant le sol des allées sur les planches.
- Ajoutez le compost et les engrais naturels aux endroits prédéterminés selon les exigences des plantes, comme indiqué sur votre plan. Incorporez ceux-ci, en surface, avec le râteau ou la griffe.
- Aplanissez les surfaces tout en conservant un léger rebord au pourtour des planches.
- Une fois ces étapes correctement complétées, vous pourrez enfin procéder aux travaux un peu moins ardus et si agréables que sont les semis et la transplantation.

## Les travaux au potager

Les travaux habituellement effectués au potager sont le semis, l'éclaircissage, la transplantation, l'arrosage, la mise en place des paillis, le sarclage, le binage, la protection contre le froid et l'installation de supports.

> **Truc pour faciliter le travail du sol**
>
> **Pour faciliter le travail du sol d'un nouveau potager, un truc consiste à préparer la surface un an à l'avance en étouffant la végétation en place avec des journaux et une épaisse couche de paillis.**

## Les semis extérieurs

Pour effectuer les semis extérieurs, utilisez de préférence des semences biologiques ou non traitées. Assurez-vous qu'elles sont fraîches, ou, du moins, qu'elles ont été conservées correctement. Au besoin, effectuez un test de germination. En plus des semences, vous aurez besoin du matériel suivant :

- le plan de votre jardin ;
- des outils : râteau, binette, truelle, taille-bordure, etc. ;
- des étiquettes de plastique ou de bois ;
- deux piquets et une corde ;
- un ruban à mesurer ;
- un crayon à mine ou un marqueur dont l'encre est résistante à l'eau et aux rayons du soleil.

Certaines semences, de grosse dimension, bénéficient d'une prégermination. C'est le cas du haricot, du pois et du maïs. Il s'agit de faire tremper les semences dans l'eau tiède 24 heures avant le semis.

### La préparation du lit de semence et la technique du semis

En supposant que le travail du sol a été effectué, que les planches ont été formées, que les amendements et les engrais ont été apportés et que la surface du sol a été aplanie, vous pourrez procéder de la façon suivante.

- Pour les semis en ligne, indiquez l'emplacement à l'aide de la corde tendue entre deux piquets et tracez un sillon le long de la corde en utilisant la truelle, la binette ou simplement la main. Une autre façon de tracer un sillon bien droit consiste à appuyer le manche du râteau sur le sol et à le faire glisser. De façon générale, la profondeur du sillon doit correspondre au double du diamètre des graines.

- Pour les semis en butte, faites simplement un trou à l'endroit déterminé à l'aide de la truelle.
- Distribuez les plus grosses graines à la main, en tenant compte de l'espacement suggéré. Si vous profitez de l'assistance de jeunes enfants, c'est une excellente tâche à leur confier. Pour les plus petites graines, tenez le sachet de façon à former un bec et tapotez-le légèrement. Laissez tomber les graines tout en reculant le long du sillon.
- Recouvrez les semences de sol et plombez (tassez la couche superficielle) le sol avec la main, la binette ou le râteau, de façon que les semences soient bien en contact avec le sol et qu'il n'y ait pas de poches d'air. Enfin, arrosez délicatement.

Prévoyez des semis successifs, de manière à étaler la récolte, pour les plantes suivantes: la betterave, la carotte, l'épinard, le haricot, la laitue, le pois et le radis.

## L'éclaircissage

L'éclaircissage a pour but d'offrir tout l'espace nécessaire à chacune des plantes pour qu'elles se développent pleinement. Il s'effectue lorsque les jeunes plants atteignent 3 à 4 cm de hauteur. Certaines plantules peuvent être repiquées, c'est-à-dire transplantées ailleurs au jardin, ou consommées dans les salades. C'est le cas des plantules de radis, de betteraves, de laitues et d'épinards.

## La transplantation

La transplantation des plants qui proviennent directement d'une serre ou de la maison doit d'abord être précédée d'une période d'acclimatation progressive à la température extérieure. Au moins une semaine avant la transplantation, commencez à sortir les plants durant le jour mais rentrez-les le soir venu.

Installez d'abord les plants dans un secteur ombragé, puis amenez-les progressivement au soleil. Cela leur évitera des coups de soleil. Enfin, laissez les plants à l'extérieur les deux ou trois dernières nuits, avant la transplantation.

Avant de procéder à la transplantation, arrosez convenablement le terreau afin d'éviter le bris des racines.

Disposez les pots sur leur site de plantation, en les plaçant en quinconce. Creusez des trous légèrement plus gros que la motte avec la main ou la truelle. Pour les plantes légumières exigeantes, ajoutez un peu de compost directement dans le trou. À ce stade, vous pouvez ajouter un engrais naturel riche en phosphore ou des champignons mycorhiziens.

Déposez délicatement la motte de racines en conservant le collet au niveau du sol ou plus profondément pour certains plants. (Les plants de tomates frêles peuvent être plantés en couchant la tige horizontalement dans un sillon.) Remplissez de sol les espaces libres. Appuyez légèrement sur le sol, au pourtour du plant et formez une cuvette autour de celui-ci pour retenir l'eau d'arrosage. Au besoin, installez un tuteur. Arrosez à l'eau tiède ou avec une solution d'algues pour minimiser le choc de la transplantation.

## L'arrosage

L'arrosage est une intervention primordiale durant les deux semaines qui suivent le semis et la transplantation. Par la suite, la fréquence d'arrosage variera en fonction de l'exigence des plantes, du type de sol et de l'utilisation des paillis.

Les règles de base pour l'arrosage des plantes légumières sont les suivantes :

- Arrosez moins souvent mais en plus grande quantité pour encourager le développement racinaire en profondeur.
- Arrosez de préférence le matin. Évitez d'arroser sur l'heure du dîner car cela pourrait occasionner des brûlures au feuillage en plus de déranger les insectes pollinisateurs. S'abstenir d'arroser en fin de soirée car le feuillage qui demeure ainsi humide très longtemps est vulnérable aux maladies. Si vous ne pouvez arroser le matin, faites-le dès le retour du travail (vers 17 heures).
- Utilisez de préférence l'eau de récupération des gouttières (voir chapitre 11 *Les outils, les accessoires et les ornements : récupérer et investir là où ça compte*).
- Sauf les jours qui suivent immédiatement le semis où vous pourrez utiliser un système d'arrosage par aspersion, arrosez préférablement le sol directement à la base des plantes. À cet effet, utilisez l'arrosoir manuel, la rallonge du boyau ou encore installez un boyau suintant en permanence à la base de vos plantes.

## La mise en place des paillis au potager

L'utilisation des paillis au potager est fortement recommandée pour la plupart des légumes-fruits tels que la tomate, le concombre, les courges, le poivron et l'aubergine, et ce, encore plus particulièrement si vous cultivez sur un sol qui a une forte teneur en sable. Les avantages de l'utilisation des paillis ont été longuement décrits dans le chapitre 2.

Les paillis les plus appropriés pour la culture des plantes légumières sont la paille, les rognures de gazon, les feuilles déchiquetées ou tout autre paillis organique à décomposition rapide. Avant d'installer le paillis autour des plantes, assurez-vous que le compost et les engrais ont été ajoutés au sol et que ce dernier est bien réchauffé. On installe habituellement le paillis après avoir transplanté les légumes frileux (tomate, aubergine, poivron).

L'ajout d'un paillis associé à des pratiques d'arrosage appropriées, telles que l'utilisation d'un boyau suintant, suffira à combler les besoins en eau des plantes les plus exigeantes.

Dans les allées, en plus des paillis cités précédemment, vous pourrez utiliser des paillis plus grossiers, comme le bois raméal et le paillis de cèdre et de pruche. Pour un contrôle efficace des plantes adventices, couvrez d'abord le sol des allées de papier journal ou de carton.

## Le sarclage et le binage

Le sarclage ou « désherbage » est l'opération qui a pour but de débarrasser le potager des plantes adventices. Il s'agit d'une intervention particulièrement importante lorsque les plants sont jeunes. Ce travail sera facilité si les semis ont été effectués bien droits, car il sera ainsi plus aisé de différencier les plantes adventices des jeunes plantules cultivées.

Le binage s'effectue d'ordinaire simultanément avec le sarclage. Il se fait à l'aide d'une binette ou d'une griffe et consiste à briser et ameublir la couche superficielle du sol autour des plantes. Le binage a un triple objectif. Il contribue à aérer le sol, à détruire les jeunes pousses de plantes indésirables et à rompre les canaux d'évaporation entre les couches profondes et la surface puisque ces derniers favorisent l'évaporation de l'eau contenue dans le sol. C'est d'ailleurs de là que vient l'expression « Un binage vaut deux arrosages ». En période de croissance, un binage aux dix jours est idéal. Au potager, on procédera au binage principalement autour des légumes-racines et des légumes-feuilles, aux endroits qui ne sont pas recouverts de paillis.

### La protection contre le froid

Plusieurs plantes légumières sont sensibles au froid. C'est le cas notamment du concombre, du poivron, de la tomate, de l'aubergine et du céleri. Même si la période de transplantation de ces plantes se situe au moment où les plus gros dangers de gel sont passés, le risque demeure. C'est pourquoi il sera prudent de les protéger durant les deux semaines suivant leur transplantation (ou du moins de surveiller les prévisions météorologiques). Pour ce faire, couvrez durant la nuit les plants récemment transplantés, à l'aide de différents matériaux tels qu'une toile géotextile, une bâche de plastique, une vieille couverture, des sacs de papier brun, des cloches de verre ou de plastique. D'autre part, pour les légumes qui demandent une longue période de croissance (melon, céleri ou autres) ou encore pour les potagers des régions plus froides, il pourra être utile de se munir d'une couche froide, de mini-tunnels ou d'une petite serre.

### L'installation de supports

L'installation de supports, par exemple des tuteurs ou des treillis, est indispensable pour certaines plantes comme les tomates, les pois et les haricots grimpants, mais cette pratique est facultative, quoique recommandable, pour les concombres. Puisqu'elle permet d'économiser de l'espace, l'installation de supports est tout à fait appropriée pour les petits potagers.

Les dates indiquées correspondent à la zone de rusticité 4. Pour évaluer approximativement les dates pour votre région, ajoutez ou retranchez le nombre de semaines correspondant à la différence entre votre zone de rusticité et la zone 4. Par exemple, si vous habitez en zone 5, vous pourrez effectuer vos semis une semaine plus tôt, mais si vous habitez en zone 3, vous devrez procéder une semaine plus tard que les dates indiquées pour la zone 4.

## La récolte et la conservation des légumes

La majorité des légumes du potager sont récoltés selon leur maturité tout au long de l'été. Quel plaisir de croquer à belles dents dans ces petites carottes fraîches ou ces premières tomates récoltées au potager. Et que dire de l'économie engendrée par l'utilisation de vos légumes frais pour fabriquer une jolie salade ou pour cuisiner

## La culture des principaux légumes

| | CALENDRIER<br>Semis int. (SI)<br>Semis ext. (SE)<br>Transplantation<br>(T) | ESPACEMENT | EXIGENCES<br>C : compost<br>E : eau<br>S : support | DIVERS |
|---|---|---|---|---|
| **Ail** | On plante les gousses de l'ail à tige dure en février-mars pour récolter en été. | Planter à 10 cm. Enfoncer les gousses sous 3 cm de sol. | C : moyenne<br>E : élevée lors de la production du bulbe | Utiliser l'ail de semence ou l'ail des magasins d'aliments naturels. Demande un sol bien drainé. Protéger avec paille durant l'hiver si la couverture de neige n'est pas suffisante. Couper la tige florale au-dessus de la première feuille avant que le bourgeon floral ne s'ouvre. |
| **Aubergine** | Se : mai<br>T : juin | Planter aux 45 cm. | C : élevée<br>E : élevée | Demande beaucoup de chaleur.<br>Ne conserver que 4 ou 5 fruits par plant. |
| **Bette à carde** | Se : janvier à mai ou juillet-septembre<br>T : mai | Semer à 10 cm. Éclaircir à 20 cm. | C : moyenne | S'emploie comme l'épinard. Certaines variétés sont décoratives. Cueillir les feuilles extérieures à la base en laissant le plant intact. |
| **Betterave** | Se : avril-mai | Semer à 2,5 cm. Éclaircir à 7,5 cm. | C : basse<br>E : taux constant. | Sol travaillé en profondeur. On sème un glomérule qui contient plusieurs graines ; les plantules doivent obligatoirement être éclaircies. |
| **Brocoli** | Se : mai-juin en place | Planter aux 45 cm. | C : moyenne<br>E : élevée | Famille des Crucifères (Brassicacées) = sensibilité aux ravageurs et aux maladies. Récolter tôt la tête centrale avant que les bourgeons n'ouvrent (sinon, les fleurs peuvent se consommer en salade). Par la suite, on pourra récolter quelques petits bouquets. |
| **Carotte** | Se : mars-avril<br>T : mai-juin | Semer à 1 cm. Éclaircir à 5 cm. | C : basse | Pour sol lourd, privilégier Chantenay, Denver, miniature. Effectuer une bonne préparation du sol en profondeur. Effectuer un semis de précision pour éviter l'éclaircissage (attire la mouche de la carotte). Butter le sommet des carottes. Carottes d'été : type nantaise. Carotte de conservation : type Chantenay. |
| **Céleri** | Si : mars à juin | Planter aux 25 cm. | C : élevée<br>E : très élevée | Pour faire blanchir le céleri, mettre un collet autour des tiges (pot de pépinière, boîte de conserve, contenant de jus ou de lait) 20 jours avant les risques de gel. |
| **Choux de Bruxelles** | Se : juin-juillet | Planter aux 30 à 45 cm. | C : moyenne<br>E : élevée | Fin août, pincer l'extrémité du plant. La récolte se fait de bas en haut tout en enlevant les feuilles, et ce, jusqu'aux premières neiges. |
| **Chou-fleur** | Si : mars-avril<br>T : mai | Planter en quinconce aux 40 à 50 cm. | C : moyenne<br>E : élevée | Lorsque la tête atteint la taille d'un œuf, rabattre par-dessus 3 ou 4 feuilles et les attacher afin de protéger l'inflorescence du soleil. |

| | | | | |
|---|---|---|---|---|
| **Chou pommé**<br>Hâtif (d'été)<br>Tardif (d'hiver) | Si : avril<br>T : mai | Planter en quinconce aux : 30-45 cm (hâtif) 50-60 cm (tardif). | C : moyenne | La rotation est importante car la plante est vulnérable aux ravageurs. Hâtif : se récolte à maturité (ne se conserve pas). Tardif : se récolte jusqu'aux premières neiges, pour la conservation. |
| **Concombre**<br>Anglais<br>Américain<br>À la marinade | Se : avril-mai<br>T : juin | Semer 4 ou 5 graines et garder 2 plants. Buttes espacées de 30 cm (avec treillis). | C : élevée<br>E : élevée<br>S : facultatif, le treillis prend moins d'espace et évite la déformation des fruits | À la transplantation, attention aux racines. Éviter de planter d'autres variétés de concombre près des concombres anglais, car il y a un risque de mauvaise pollinisation qui se traduit par une déformation des fruits. Le semis en pleine terre est souvent aussi rapide que le semis intérieur transplanté. |
| **Courge d'été**<br>Zucchini<br>Pâtisson | Si : 1er mai<br>T : 5 juin<br>OU<br>Se : début juin | Semer 4 ou 5 graines et garder 2 ou 3 plants. Butte de 1,20 m à 2,50 m selon le cultivar. | C : élevée<br>E : élevée | Entretien facile. Bonne productivité. Demande beaucoup d'espace. Peut être plantée à l'extérieur du jardin sur le tas de compost. Le semis en pleine terre est souvent aussi rapide que le semis intérieur transplanté. |
| **Courge d'hiver et citrouille** | Si : avril-mai<br>T : 5 juin<br>OU<br>Se : début juin | Semer 4 ou 5 graines et garder 2 ou 3 plants. Butte de 1,20 m à 2,50 m selon le cultivar. | C : élevée | Exige encore plus d'espace que la courge d'été, car le plant a des tiges rampantes. Peut être plantée à l'extérieur du jardin sur le tas de compost. |
| **Épinard** | Se : début août | Semer aux 2,5 cm. Éclaircir aux 10 cm. | C : moyenne<br>E : élevée | Les semences ont besoin de froid pour germer. Craint les fortes chaleurs, le manque d'eau et le manque d'espace, ce qui le fait monter en graine. Possible de semer à la mi-août. Éviter que les plants ne se touchent. |
| **Haricot vert**<br>À rame<br>Nain<br>À écosser | Se : mai à juin | Semer à 5 cm. Éclaircir à 10 cm. | C : nulle<br>S : pour les haricots à rame | Ne pas semer tôt car les semences ont besoin de chaleur pour germer. Butter les plants lorsqu'ils atteignent 20 cm. Récolter aux deux à trois jours avant de sentir les graines (sauf pour les haricots à écosser). Tenir la grappe durant a récolte. Ne pas récolter après une pluie. |
| **Laitue**<br>Feuilles<br>Pommée<br>Romaine<br>Boston | Se : mars à septembre<br>Échelonner | Semer à 2,5 cm. Éclaircir ou planter à 20 cm. | C : moyenne<br>E : élevée | Craint les fortes chaleurs et la sécheresse qui la fait monter en graine et lui donne un goût amer. Les variétés à feuilles rouges (principalement les feuilles de chêne) résistent mieux à la chaleur. Cultiver dans un secteur mi-ombragé, utiliser une ombrière ou placer au nord du maïs. Récolte : laitues en feuilles et romaine : laisser le plant sur place et récolter les feuilles extérieures ; laitues pommées et Boston : se récoltent entièrement. |
| **Maïs** | Se : fin avril début mai | Semer tous les 20 cm. | C : très élevée | Faire prégermer les semences. Sensible au gel et au froid. Utiliser un paillis de plastique ou de papier noir. Butter les plants lorsqu'ils atteignent 20 cm. Pour une bonne pollinisation, semer côte à côte au moins quatre rangs du même cultivar. |

| | | | | |
|---|---|---|---|---|
| **Navet et rutabaga** | De préférence août, aussi possible de juin à octobre | Semer aux 3 cm. Éclaircir aux 10 cm pour les navets et aux 15 cm pour les rutabagas. | C: basse | Très sensibles aux ravageurs. Navet: souvent blanc et de petite dimension. Rutabaga: souvent jaune, plus sucré et plus nutritif. |
| **Oignon**<br>De table<br>Rouge<br>Doux (espagnol)<br>Vert<br>À marinade | Planter : février à avril<br>Semer : mars | Semer ou transplanter aux 10 à 15 cm. | C: basse<br>E: peu sauf à la plantation | À la transplantation, les jeunes plants et leurs racines ont avantage à être taillés du tiers. De plus, on prendra soin de couvrir de terre uniquement les racines. Peut se cueillir jeune comme oignon vert ou à maturité pour la conservation. Dégager le bulbe durant la croissance s'il est enfoui trop profondément. Lorsque les feuilles commencent à jaunir, et à s'incliner naturellement, les coucher à l'intérieur de la planche. |
| **Piment**<br>Doux (poivron)<br>Fort | Se: fin mars<br>T: mi-mai | Planter aux 30 à 40 cm. | C: moyenne<br>E: élevée | Problème de pollinisation en conditions fraîches ou venteuses, car les fleurs tombent; transplanter plus tard ou protéger. Poivron: ne conserver que 3 ou 4 fruits par plant. Les poivrons verts sont à un stade immature. |
| **Poireau** | Se: septembre-octobre et mars-avril<br>T: mai-juin | Transplanter aux 15 cm dans une tranchée. | C: moyenne | Tailler les tiges du tiers à la transplantation. Butter tout au long de la croissance. On peut laisser quelques plants au jardin durant l'hiver si le site est protégé. Ils devront être récoltés en mai. |
| **Pois**<br>À écosser<br>Mange-tout<br>Des neiges<br>Sec | Se: fin février ou/et octobre | Semer aux 5 cm. | C: nulle<br>E: élevée<br>S: treillis, grillage, cordes | Butter les plants lorsqu'ils atteignent 20 cm. Pois mange-tout: récolter régulièrement avant de sentir les graines. |
| **Pomme de terre** | Planter fin mars et avril | Planter aux 30 cm. | C: basse | Couper les morceaux 2 à 3 jours avant de les planter. Butter lorsque les plants atteignent 20 cm. Juste après la floraison, les pommes de terre sont bonnes au goût, mais ne se conservent pas. Lorsque les plants sont fanés, tailler les tiges, les ramasser et les détruire. Récolter 10 à 15 jours plus tard pour la conservation. |
| **Radis** | Se: février à novembre | Semer à 1 cm. Éclaircir à 2 cm. | C: basse<br>E: élevée | Des conditions chaudes et sèches donnent un goût fort et provoquent la montée en graine. |
| **Tomate**<br>Déterminée<br>Indéterminée | Si: mi-mars à mars<br>T: mai-juin | Dét.: 60 cm.<br>Ind.: 45 cm. | C: élevée<br>E: élevée<br>S: déterminée: cerceau métallique; indéterminée: tuteur de 7 pi | À la transplantation enlever les fleurs ainsi que les feuilles du bas et enterrer la base du plant. Protéger du vent et du froid. Déterminée: pas de taille. Indéterminée: enlever les gourmands à l'aisselle des feuilles et étêter les plants à la fin de juillet. Émonder les plants en dessous de la dernière grappe du bas au fur et à mesure des récoltes. |

L'installation de supports, indispensable pour certaines plantes

vos plats préférés ? Bien que la plupart de vos légumes seront consommés durant la belle saison, pensez à ajouter quelques rangs ou quelques plants supplémentaires, si vous disposez d'espace suffisant. Ainsi, vous pourrez conserver les légumes excédentaires et, de ce fait, vous combinerez plaisir et économie à longueur d'année.

Plusieurs légumes se garderont bien au congélateur après un court blanchiment, alors que d'autres pourront séjourner plusieurs mois dans la chambre froide ou au réfrigérateur. Certains d'entre eux se conserveront de façon convenable dans une pièce ou une armoire non surchauffée. Finalement, si vous procédez avec minutie, vous pourrez aussi conserver la majorité des légumes dans des pots stérilisés.

## La production de plantes légumières se reproduisant de façon végétative et la récolte de semences

La production de plantes légumières se reproduisant de façon végétative et la récolte de semences demeurent d'excellentes pratiques qui permettent de faire des économies, tout en exerçant le contrôle sur la qualité de nos plantes.

## La conservation des légumes

| MÉTHODE DE CONSERVATION | LÉGUMES |
|---|---|
| **Chambre froide ou réfrigérateur** | Betterave, carotte, céleri, chou-fleur, navet, pomme de terre |
| **Congélateur** | Aubergine, bette à carde, brocoli, choux de Bruxelles, chou-fleur, courges d'été et d'hiver, épinard, haricot, maïs, poivron, poireau, pois, tomate |
| **Armoire ou pièce non surchauffée** | Ail, courges d'hiver, oignon, tomate |
| **Conserve** | Concombre (marinade), tomate, la majorité des légumes |

# La production de plantes légumières se reproduisant de façon végétative

Certaines plantes légumières se reproduisent de façon végétative, c'est-à-dire qu'elles ne nécessitent pas qu'il y ait une reproduction sexuée. Ces plantes sont très « éconologiques » puisqu'elles peuvent être plantées année après année, sans qu'il ne soit nécessaire de débourser un seul sou. C'est le cas de la pomme de terre et du topinambour qui se propagent par leurs tubercules. Les tubercules de la pomme de terre devront être récoltés et conservés dans de bonnes conditions (dans une chambre froide ou au réfrigérateur) pour être replantés au jardin la saison suivante. Quant aux tubercules du topinambour, vous pourrez procéder de la même façon ou les laisser passer l'hiver dans le sol, puis les récolter au printemps. Il ne sera habituellement pas nécessaire de les replanter car les tubercules de topinambour sont très vigoureux et se reproduisent allégrement. D'ailleurs, ils peuvent même devenir envahissants, c'est pourquoi vous aurez avantage à les cultiver dans un secteur réservé de votre jardin.

Certaines variétés d'ail, d'échalote et d'oignon peuvent également se reproduire de façon végétative grâce aux réserves emmagasinées dans leurs bulbes. Pour l'ail, utilisez les variétés à tige dure (aussi appelées ail d'automne). Plantez les gousses (les sections du bulbe) au jardin, à l'automne, en même temps que les bulbes à floraison printanière. Vous pourrez récolter vos bulbes d'ail en milieu d'été, la saison suivante, puis replanter les gousses à nouveau à l'automne. L'échalote, quant à elle, se reproduit par un bulbe composé de plusieurs gousses de forme ovoïde. Il ne faut pas confondre l'échalote avec l'oignon vert qui est en fait un oignon immature. On récolte et replante les gousses de l'échalote en milieu d'été, année après année ad vitam aeternam... Cependant, selon les conditions climatiques de votre jardin, toutes les variétés d'échalote ne seront pas rustiques. Par exemple, l'échalote de Sainte-Anne est

Topinambour

Ail

une variété très résistante au froid alors que l'échalote française ne survivra pas à un hiver rigoureux. L'oignon égyptien est une variété qui est vivace jusqu'en zone 3. Il s'agit d'une plante qui a fière allure au jardin et dont on consomme les gousses, les tiges de même que les bulbilles qui se développent au bout des tiges. Ces dernières pourront d'ailleurs être replantées pour donner naissance à de nouveaux plants.

Oignon égyptien

## La récolte de semences

La récolte de semences de plantes légumières est souvent réservée aux jardiniers les plus expérimentés et ayant accès à de grands espaces. Pourtant, cette pratique peut être adoptée par plusieurs jardiniers à condition de respecter les règles suivantes.

- Évitez de récolter des semences qui proviennent de plants qui ont été produits à partir de semences hybrides.
- Respectez les distances minimales requises entre les différents cultivars, pour éviter qu'il y ait des croisements.
- Utilisez les plus beaux fruits.
- Respectez les particularités de récolte de chacun.
- Privilégiez les plants les plus vigoureux et les plus résistants aux maladies.
- Privilégiez les plantes annuelles nécessitant peu de distance entre les cultivars, telles que la tomate et la laitue, si vous disposez de peu d'espace.

## Récolte de semences de quelques plantes légumières

| PLANTE LÉGUMIÈRE | DISTANCE À RESPECTER ENTRE LES CULTIVARS | DIVERS |
|---|---|---|
| **Concombre**<br>*Cucumis sativus* | 1/2 km | Laissez mûrir les fruits sélectionnés sur le plant. Ensuite, conservez-les à l'intérieur afin de les faire mûrir davantage. Extrayez les semences et placez-les dans un pot avec le même volume d'eau. Procédez ensuite comme pour la tomate. |
| **Courges**<br>*Cucurbita pepo :* zucchini, citrouille, courgeron, courge délicata, courge spaghetti<br>*Cucurbita maxima :* courge turban, courge Hubbard, courge orientale<br>*Cucurbita moschata :* courge musquée | 1 km entre les différentes espèces | Cultivez un seul cultivar par espèce. Extrayez les semences lorsque les fruits sont prêts à être consommés. |
| **Épinard**<br>*Spinacia oleracea* | 2 km | Sélectionnez les derniers plants montés en graine. Soutenir les hampes florales à l'aide d'un tuteur. Lorsque les akènes sont secs, arracher les plants et les suspendre à l'envers durant quelques semaines.. |
| **Haricot**<br>*Phaseolus vulgaris* | 50 mètres | Privilégiez les plants les plus précoces. Pour faire sécher les plants, arrachez-les et placez-les tête en bas dans un endroit chaud et sec. Privilégiez les derniers plants qui ont monté en graine. Lorsque les graines commencent à tomber, coupez la hampe florale et entreposez-la dans un sac de papier brun dans un endroit chaud et sec. Une fois le tout bien sec, frottez les akènes (fruits) entre les mains pour libérer les semences. |
| **Laitue**<br>*Lactuca sativa* | 10 mètres  | Pour petits terrains. Affûtage spécialisé. Ajustement de la hauteur de tonte limité. |
| **Pois**<br>*Pisum sativum* | 50 mètres | Procédez comme pour le haricot. |
| **Poivron et piment**<br>*Capsicum* sp. | 200 mètres | Même principe que pour la tomate sauf qu'on ne doit pas faire fermenter. |
| **Tomate**<br>*Lycopersicon esculentum* | 5 mètres  | Choisissez des fruits bien mûrs et procédez de cette façon pour neutraliser les enzymes inhibitrices de la germination : coupez les fruits en deux et extrayez les semences et la pulpe ; placez le tout dans un contenant de verre sans couvercle, à la température ambiante ; après trois jours, passez le tout au tamis sous l'eau courante ; laissez sécher les semences à l'air ambiant sur un papier ciré ou sur un couvercle de plastique. |

6

# Les plantes aromatiques

## Des plantes utiles, donc rentables

Qu'on les appelle fines herbes, aromates ou plantes aromatiques, leurs nombreuses qualités en font des incontournables. Faciles d'entretien et peu affectées par les ravageurs, les plantes aromatiques trouvent place partout au jardin, de même que dans des pots sur le balcon ou dans la maison. Si, la plupart du temps, on les cultive pour leurs propriétés culinaires, elles ont aussi d'autres attraits intéressants. Ainsi, certaines d'entre elles excellent en tant que plantes compagnes, alors que d'autres offrent des qualités ornementales et médicinales incontestables. Enfin, la conservation de ces plantes est simple, ce qui nous permet de profiter de leur arôme tout au long de l'année. Bref, les plantes aromatiques sont très utiles. Il est donc rentable de les utiliser… à toutes les sauces.

## La culture des plantes aromatiques

Traditionnellement cultivées au potager, les plantes aromatiques ont intérêt à se retrouver un peu partout au jardin. Plusieurs d'entre elles ont des propriétés ornementales intéressantes, car elles agrémentent

Plantes aromatiques intégrées dans la plate-bande

le jardin avec leurs couleurs, leurs formes ou leurs floraisons ravissantes. C'est le cas notamment du basilic pourpre, de l'origan doré, de la sauge pourpre, du persil frisé, de la ciboulette à l'ail et de l'origan en fleurs. Ces plantes, ainsi que plusieurs autres, pourront être intégrées avantageusement dans les plates-bandes de vivaces, d'annuelles, dans les potées fleuries et, évidemment, dans le potager.

## La culture au jardin

Plusieurs plantes aromatiques, pour ne pas dire la majorité, font partie de la famille des Lamiacées (Labiées) dont une des caractéristiques est la présence d'une tige carrée. D'autres sont membres de la famille des Apiacées (Ombellifères). Ces dernières ont une inflorescence, c'est-à-dire un mode de regroupement des fleurs particulier : l'ombelle. Le cycle végétatif des plantes aromatiques est très varié. Alors que le basilic est une plante annuelle, le persil est bisannuel, l'estragon est une vivace et, enfin, le romarin, une vivace non rustique.

Du côté des exigences en éclairage, la majorité des plantes aromatiques préfèrent un ensoleillement maximal, mais certaines font exception. C'est le cas du cerfeuil, de la ciboulette, de l'origan, de la livèche, de la mélisse, de la menthe et du persil qui tolèrent des conditions mi-ombragées. Peu de plantes aromatiques sont adaptées à des conditions d'ombre dense.

La plupart des plantes aromatiques s'accommodent d'un sol légèrement fertile, voire pauvre dans certains cas. Ainsi, elles seront davantage stimulées à accumuler des principes actifs, donc de la saveur. Le basilic, la ciboulette et le persil dérogent à la règle, car ils apprécient un sol très fertile. Les plantes aromatiques préfèrent un sol bien drainé. La menthe est particulière, puisqu'elle apprécie les sols humides, mais elle s'adapte à tous les types de sols… un

Ciboulette à l'ail

Basilic

Estragon

Coriandre

Romarin

Persil

peu trop d'ailleurs : cette plante peut devenir très envahissante.

Plusieurs plantes aromatiques sont originaires des régions chaudes et sèches de la Méditerranée. Elles n'ont donc pas besoin d'un arrosage régulier et peuvent survivre à de longues périodes de sécheresse.

Certaines plantes aromatiques peuvent être semées directement en pleine terre, au jardin, alors que d'autres auront avantage à être démarrées à l'intérieur, et ce, principalement dans les régions où la saison de croissance est courte. La réputation des plantes aromatiques en tant que plantes compagnes n'est plus à faire. Bien que les bienfaits associés au compagnonnage ne soient pas prouvés hors de tout doute, plusieurs jardiniers ont observé des effets positifs, en associant les plantes aromatiques à des plantes potagères ou ornementales. Ainsi, plusieurs plantes aromatiques éloignent ou confondent les ravageurs, alors que d'autres se rendent utiles en attirant les prédateurs et les pollinisateurs, comme c'est le cas pour la mélisse, l'hysope et l'agastache. Parmi les associations les plus fréquentes, citons l'aneth avec le concombre, le basilic et le persil avec la tomate, la coriandre avec la carotte, le panais ou le céleri et enfin la marjolaine et la sarriette avec les choux, le poivron ou l'aubergine. Les plantes aromatiques précédemment citées étant des annuelles, il est simple de les associer avec des plantes potagères dans le processus de rotation au potager (voir chapitre 5 *Le potager : produire des légumes sains et économiser*).

## Les semis intérieurs

À moins de bénéficier d'un éclairage artificiel, ce n'est qu'à compter du début de mars qu'il est possible d'effectuer, à l'intérieur, des semis de plantes aromatiques qui seront destinés à la culture extérieure. Pour les dates de semis spécifiques à chaque plante, référez-vous au tableau de la page 110.

## Le transfert des plantes aromatiques de l'extérieur vers la maison, à l'automne

Le transfert des plantes aromatiques à l'intérieur, en fin d'été, permet de profiter des avantages des plantes fraîches, après la belle saison. Cependant, ne perdez pas votre temps à entrer les plantes aromatiques annuelles, qui ont été démarrées au printemps.

Celles-ci ont terminé leur cycle et dépériront rapidement. Toutefois, vous pouvez effectuer un semis extérieur de fin d'été qui sera destiné à la culture intérieure. Pour ce faire, procédez de la façon suivante.

Démarrez les semis de plantes aromatiques annuelles, à l'extérieur, de 4 à 6 semaines avant la date du premier gel d'automne prévu dans votre région. À titre d'exemple, si la date du premier gel prévu est le 15 septembre, commencez votre semis entre le 1er et le 15 août. Les semis seront faits dans des caissettes, puis rempotés dans des pots individuels.

Entrez les plantes à l'intérieur à compter des premiers risques de gel après avoir préalablement vaporisé sur elles une solution de savon insecticide.

Quant aux plantes aromatiques vivaces, vous pourrez les transférer à l'intérieur, en procédant de la façon suivante.

Toujours de 4 à 6 semaines avant la date du premier gel prévu, arrachez les plantes et transplantez-les dans des pots. Laissez les pots à l'extérieur, jusqu'à la première gelée.

À ce moment, rabattez les plantes près du sol, traitez-les avec une solution de savon insecticide, puis entrez-les. Si vous en avez la possibilité, placez-les dans une pièce fraîche et peu éclairée (ou du moins non surchauffée) et minimisez les arrosages, afin que les plantes subissent une période de repos. Remettez les plantes en pleine lumière à compter de février et entretenez-les comme des plantes d'intérieur.

Il est également possible et même souhaitable d'entrer les plantes vivaces non rustiques, telles que le romarin et le laurier. Pour faciliter le transfert de ces dernières du jardin vers la maison et vice versa, cultivez-les tout au long de l'année dans des pots. Avant le premier gel automnal, traitez les plantes avec une solution de savon insecticide et entrez-les.

Quoique ce type de plantes ne nécessite pas de période de repos, il est tout de même préférable de les placer durant quelques jours (4 à 7 jours) dans une pièce fraîche (éclairée ou non) avant de les transférer à leur emplacement définitif dans la maison. Cela évitera que les plantes ne subissent un changement de température trop radical.

## La culture intérieure

Les plantes aromatiques cultivées à l'intérieur ont besoin d'un maximum de lumière naturelle. Ainsi, elles auront avantage à être placées près d'une fenêtre orientée au sud ou à l'ouest.

Si vous désirez cultiver les plantes aromatiques durant toute l'année, un éclairage artificiel sera souhaitable, puisque de novembre à mars, l'éclairage naturel est souvent insuffisant. Utilisez de préférence des pots en terre cuite et un terreau très léger (voir chapitre 9 *Les semis intérieurs et la culture des plantes en pots : pour des pratiques éconologiques*).

Laissez sécher la surface du sol entre les arrosages. Fertilisez aux deux semaines (en excluant les mois de novembre, décembre et janvier, si vous cultivez sans éclairage artificiel) en vaporisant sur le feuillage un engrais organique naturel (émulsion de poissons ou algues).

## La récolte des plantes aromatiques

Le moment idéal pour effectuer la récolte est en milieu d'avant-midi lors d'une journée ensoleillée. Éliminez les feuilles malades ou endommagées. Durant les premières années, récoltez les vivaces en petite quantité et évitez les récoltes excessives entre la mi-août et la fin septembre les années suivantes. C'est durant cette période que les plantes accumulent des réserves dans leurs racines.

Les plantes, telles que le basilic, que l'on cultive pour leur feuillage n'ont pas avantage à produire de fleurs. Ainsi, vous devriez pincer les bourgeons floraux, dès leur apparition. Cette intervention permettra de concentrer la saveur dans les feuilles. Après la récolte, les plantes aromatiques cultivées de façon écologique n'ont habituellement pas à être lavées avant la consommation. Il suffit simplement de les secouer. Cependant, s'il y a eu une forte pluie dans les jours précédant la récolte et que les plantes sont recouvertes de terre, vous pourrez les laver puis les assécher à l'aide d'une essoreuse à salade.

On cultive certaines plantes pour leurs graines. C'est le cas de l'aneth, de la coriandre et du fenouil. La récolte des graines peut se faire de deux façons. Une première méthode consiste à couper le plant lorsque les graines commencent à mûrir et à le déposer dans un sac de papier brun pour finalement le placer dans un endroit sec jusqu'à ce que les graines sèchent complètement. Selon la seconde méthode, on laisse mûrir les graines sur le plant en entourant l'ombelle d'un tissu léger et translucide (toile agrifiltre) que l'on fixe au plant. Quoiqu'elle soit plus complexe que la première, cette dernière méthode permet de concentrer davantage la saveur dans les graines.

## La conservation de plantes aromatiques

La conservation est l'étape ultime qui vous permettra de profiter des vertus culinaires de vos plantes aromatiques préférées tout au long de l'année. Bien que le séchage passif demeure la méthode la plus simple et la plus adaptée à la majorité des plantes aromatiques, d'autres méthodes, telles que le séchage actif, la congélation, la conservation dans l'huile et le vinaigre, sont aussi intéressantes.

### Le séchage passif

Le séchage passif est bien adapté pour de nombreuses plantes aromatiques dont le basilic à petites feuilles, le cerfeuil, l'estragon, la marjolaine, la mélisse, la menthe, l'origan, le romarin, la sarriette, la sauge et le thym. La méthode consiste simplement à suspendre les plantes, tête en bas, dans

un endroit chaud, bien ventilé et sombre. Attachez d'abord les plantes par petits bouquets à l'aide d'un élastique. Celui-ci contribuera à retenir les tiges lorsqu'elles rapetisseront en raison de la perte d'eau. Nouez ensuite les petits bouquets à une corde suspendue ou directement au mur. Lorsque vous utilisez une corde, accrochez-y les petits bouquets en faisant un dernier tour avec l'élastique autour de la corde. Si vous n'avez pas accès à un endroit sombre, recouvrez les petits bouquets d'un sac de papier brun. Laissez le tout en place durant au moins une semaine. Une fois les plantes bien séchées, enlevez les tiges, écrasez grossièrement les feuilles (cela permet d'en conserver la saveur au maximum) et entreposez-les dans des bocaux de verre opaques ou dans des petits sacs de papier brun. Si vous utilisez des bocaux transparents, ils devraient idéalement être entreposés à l'abri de la lumière.

## Le séchage actif

Le séchage actif est la méthode de choix pour les plantes aromatiques qui ont de grosses feuilles telles que le persil, le céleri-feuille, la ciboulette et la livèche. Il peut également être choisi pour toutes les plantes citées dans la méthode de séchage passif.

Pour effectuer le séchage actif, on utilise une source de chaleur, par exemple le four conventionnel, le four à micro-ondes ou le séchoir artisanal. L'objectif est d'accélérer la perte d'eau des plantes, sans quoi celles-ci pourraient se détériorer avant que le séchage ne soit complété. Dans les trois cas, la première étape consiste à enlever les tiges, de même que les feuilles détériorées pour ne conserver que les feuilles saines. Une fois séchées, les plantes pourront être conservées, selon la méthode suggérée pour le séchage passif.

### Le séchage actif au four conventionnel

Si vous choisissez le séchage actif au four conventionnel, vous pourrez profiter de la chaleur résiduelle du four, après la cuisson d'un repas. C'est une excellente façon de récupérer l'énergie. Autrement, préchauffez le four en réglant la température à 150 °C (300 °F), puis après une trentaine de minutes fermez le thermostat et attendez au moins 20 minutes avant d'y mettre les plantes à sécher. Pendant ce temps, hachez les feuilles et déposez-les sur un treillis (grille du four recouverte d'une moustiquaire de métal). Placez le tout au four durant la nuit (au moins douze heures) en laissant la porte légèrement entrouverte et la lumière allumée, celle-ci étant recouverte d'un papier d'aluminium. Le lendemain, vérifiez l'état des plantes. Si elles sont sèches, entreposez-les selon la méthode suggérée pour le séchage passif. Toutefois, si les plantes ne semblent pas avoir totalement perdu leur humidité, sortez-les du four, déplacez les herbes sur le treillis, puis préchauffez à nouveau le four et remettez le tout à sécher durant quelques heures.

### Le séchage au séchoir artisanal

Si vous prévoyez sécher de grandes quantités de plantes et si, de plus, vous avez des talents de bricoleur, la fabrication d'un séchoir artisanal pourra peut-être vous intéresser. Le séchoir artisanal est constitué d'une boîte de bois de la grosseur d'un four, dans laquelle sont glissées des tablettes grillagées (moustiquaires). Installez-y une ampoule 150 watts recouverte d'un papier d'aluminium qui servira de source de chaleur ainsi qu'un petit ventilateur pour assurer une meilleure circulation de l'air chaud. La procédure de séchage est la même que pour le séchage au four.

### Le séchage au four à micro-ondes

Cette méthode de séchage devrait être la dernière solution, puisque certaines études tendent à démontrer que l'utilisation de micro-ondes peut contribuer à détruire certains nutriments. Le four à micro-ondes demeure cependant un instrument très pratique dans nos cuisines modernes et c'est pourquoi vous choisirez peut-être de l'utiliser. Dans ce cas, procédez de la façon suivante : hachez les feuilles et déposez-les sur un papier essuie-tout, préalablement placé sur une assiette allant au micro-ondes ; mettez le tout au four à micro-ondes à l'intensité « maximum » durant une minute ; vérifiez l'état des feuilles et, au besoin, remettez au four durant des périodes de 30 secondes jusqu'à ce que les feuilles soient bien sèches.

## La congélation des plantes aromatiques

La congélation des plantes aromatiques est habituellement choisie pour les plantes suivantes : la ciboulette, la coriandre (feuilles), l'estragon, la livèche, la marjolaine, la menthe, l'origan, le persil et le thym.

Quoiqu'il soit possible de congeler les plantes telles quelles sans aucune préparation, cette méthode ne permet de conserver les plantes que durant quelques semaines. C'est pourquoi la congélation dans l'eau est préférable puisqu'elle prolonge la durée de conservation des plantes aromatiques jusqu'à un an. Hachez d'abord les herbes et placez-les par espèce ou en mélange dans des bacs à glaçons, de façon à occuper les deux tiers de l'espace. Remplissez les bacs d'eau et congelez le tout durant 24 heures. Placez ensuite les cubes dans des sacs à congélation convenablement identifiés. Rien ne ressemble plus à des petits cubes verts que d'autres petits cubes verts. En omettant ce détail, vous le regretteriez sans doute s'il vous arrivait d'assaisonner votre soupe avec de la menthe… croyant qu'il s'agit de persil !

Les plantes aromatiques ainsi conservées sont faciles à utiliser dans les soupes et les mets en casserole.

## La conservation dans l'huile

La conservation dans l'huile convient pour toutes les plantes citées dans la section sur la congélation de même que pour le basilic.

Hachez les plantes, placez-les dans des petits contenants de plastique ou de verre. Couvrez totalement les plantes avec une huile d'olive de bonne qualité. Les herbes ainsi préparées peuvent se conserver au réfrigérateur durant quelques semaines, mais pas plus de trois mois. Pour plus de sécurité, congelez les petits contenants; ils pourront se conserver sans risque durant un an. Les plantes ainsi conservées seront utiles dans les sauces à spaghetti et les autres plats cuisinés où elles apporteront un goût de fraîcheur, durant la saison froide.

## Les vinaigres aromatisés

Plusieurs plantes peuvent être utilisées pour aromatiser les vinaigres. Vous pourrez donc fabriquer un vinaigre au basilic, à la marjolaine, au romarin, au thym et finalement le classique vinaigre à l'estragon dont voici une recette simple.

### Vinaigre à l'estragon

*Ingrédients :* une branche d'estragon, quelques branches de thym, quelques grains de poivre, du vinaigre de cidre de pomme biologique, un contenant de verre (de couleur idéalement).

*Méthode :* placez en ordre, le poivre, le thym, l'estragon et le vinaigre et fermez le contenant. Laissez macérer un mois. Les vinaigres aux herbes peuvent se conserver jusqu'à deux ans s'ils sont placés dans un endroit sombre. Ils seront utilisés dans les vinaigrettes, les mayonnaises et les marinades.

## Les herbes salées

Les herbes salées sont fabriquées à partir de plantes aromatiques qui ont un goût passe-partout telles que la ciboulette, le persil, le cerfeuil, la livèche et le thym. On associe parfois des légumes comme la carotte, le poireau et le céleri avec les plantes aromatiques choisies.

Les herbes salées font partie d'une tradition qui nous vient d'une époque où les méthodes de conservation modernes n'étaient pas disponibles. Ce procédé a progressivement perdu de la popularité avec l'avènement des réfrigérateurs et des congélateurs, mais également à la suite de la mauvaise réputation du sel qu'il vaut mieux consommer avec modération. Si vous désirez tout de même expérimenter cette méthode de conservation, choisissez la recette suivante, dans laquelle les herbes ne sont pas mélangées au sel et où il est possible de les prélever sans utiliser tout le sel. Commencez par hacher très finement les plantes et les légumes choisis. Utilisez des petits pots de verre stérilisés et du gros sel ou du sel de mer. Placez dans les pots une couche de 1 cm de sel puis une couche de 1 cm du mélange (herbes, légumes) et continuez ainsi en alternance en terminant par le sel. Cette préparation se conserve jusqu'à un an au réfrigérateur.

## Les fromages et les beurres aux herbes

Plusieurs plantes aromatiques peuvent être intégrées à des fromages à la crème ou à du beurre. Selon vos goûts, vous pourrez par exemple fabriquer du beurre à la ciboulette et du fromage à l'estragon. Il s'agit de hacher finement les plantes et de les incorporer au fromage ou au beurre ramolli. Si vous ne les consommez pas immédiatement, ces mélanges pourront être conservés durant quelques jours au réfrigérateur ou plusieurs mois au congélateur.

## Les autres recettes pour conserver les plantes aromatiques

D'autres recettes, telles que le pesto, les cornichons à l'aneth ainsi que les soupes et les sauces diverses sont d'excellentes façons de conserver le souvenir de la belle saison.

## Les principales plantes aromatiques

| NOM COMMUN<br>*Nom latin*<br>*Nom anglais* | CYCLE | REPRODUCTION<br>Semis int. (SI)<br>Semis ext. (SE)<br>Transplantation (T) | FAMILLES ET PARTICULARITÉS | PARTIES RÉCOLTÉES ET UTILISATION EN CUISINE |
|---|---|---|---|---|
| **Aneth**<br>*Anethum graveolens*<br>Dill | Annuelle | Se : mars | Apiacées (Ombellifères). Soleil. Sol fertile si on le cultive pour les feuilles, pauvre si on le cultive pour les graines. Se ressème (envahissant). Plante compagne du concombre. | *Feuilles et graines :* poissons, concombres, cornichons, sauces blanches, plats aux œufs, fromages |
| **Basilic**<br>*Ocimum basilicum*<br>Basil | Annuelle | Se : avril<br>T : mi-mai, juin | Lamiacées (Labiées). Soleil. Sol riche. Très sensible au gel. Pincer les fleurs. Bon compagnon des tomates. Grande variété de formes et de couleurs : basilic pourpre, basilic grec… | *Feuilles :* pesto, tomates, œufs, champignons, salades vertes, pâtes, légumes grillés |
| **Cerfeuil**<br>*Anthriscus cerefolium*<br>Chervil | Annuelle | Toute l'année | Apiacées (Ombellifères). Mi-ombre. Sol fertile. Se ressème. | *Feuilles et fleurs :* œufs, poulet, poissons, salades, soupes, sauces |
| **Ciboulette**<br>*Allium schœnoprasum*<br>Chive | Vivace | Se : mars<br>T : mai-jiun | Liliacées. Soleil à mi-ombre. Sol fertile à riche. La ciboulette à l'ail (*Allium tuberosum*) a une croissance plus lente. | *Feuilles :* omelettes, salades, soupes, mayonnaises, fromagesà la crème, beurres<br>*Fleurs :* salades |
| **Coriandre**<br>*Coriandrum sativum*<br>Coriander | Annuelle | Se : mai puis début juillet 2^e^ semis | Apiacées (Ombellifères). Soleil. Sol fertile (plus riche si on la cultive pour les feuilles). Bonne compagne des carottes. | *Feuilles :* plats orientaux, poissons, légumes, plats sud-américains<br>*Graines :* curry, poulet, poissons |
| **Estragon**<br>*Artemisia dracunculus*<br>Tarragon | Vivace | Se : mars<br>Division des racines au printemps | Astéracées (Composées). Soleil. Peut devenir envahissant. L'estragon français a une meilleure saveur que l'estragon russe. | *Feuilles :* poulet, poissons, légumes, vinaigres, beurres, fromages à la crème |
| **Fenouil**<br>*Fœniculum vulgare*<br>Fennel | Annuelle | Se : avril-mai et septembre-octobre | Apiacées (Ombellifères). Soleil. Sol fertile. Plante haute. Se ressème | *Feuilles et graines :* soupes, poissons, pains, cornichons |
| **Laurier commun**<br>*Laurus nobilis*<br>Laurel | Vivace non rustique | Bouture de jeunes pousses. Planter au printemps | Lauracées. Soleil. Cultiver en pots et entrer les plants à l'automne. Pincer les extrémités pour un plant plus compact | *Feuilles :* ragoûts, soupes, poissons pochés, marinades |
| **Livèche**<br>*Levisticum officinale*<br>Lovage | Vivace | Se : 15 septembre ou 15 avril | Apiacées (Ombellifères). Soleil et mi-ombre. Sol fertile. Jusqu'à 8 pi de haut. Goût ressemble à celui des feuilles de céleri. Vivace très rustique | *Feuilles :* soupes, salades, plats de viande, ragoûts |

| | | | | |
|---|---|---|---|---|
| **Marjolaine**<br>*Origanum majorana*<br>Sweet marjoram | Annuelle | Semer au printemps.<br>Planter en avril.<br>Semis au printemps. | Lamiacées (Labiées). Soleil. Sol pauvre. Bonne compagne pour chou, brocoli, poivron, aubergine. | *Feuilles :* plats de viande, mets italiens, tomates, farces, pommes de terre, riz |
| **Mélisse**<br>*Melissa officinalis*<br>Balm | Vivace | Planter en mars-avril<br>T : 1er mai | Lamiacées (Labiées). Soleil et mi-ombre. Sol fertile. Très attirante pour les insectes pollinisateurs. Aussi appelée mélisse citronnelle. | *Feuilles :* boissons d'été, salades, porc, poulet, plats thaïlandais |
| **Menthe**<br>*Mentha* sp.<br>Mint | Vivace | Se : 15 mai | Lamiacées (Labiées). Soleil et mi-ombre. Préfère un sol humide et riche mais s'adapte. Plusieurs variétés : menthe verte, menthe poivrée, menthe pouliot, menthe à l'orange, menthe aux pommes. Plantes très envahissantes, cultiver en pots. Si vous enfoncez les pots dans le sol, ils devraient avoir une profondeur minimale de 40 cm. | *Feuilles :* agneau, légumes, salades de fruits, boissons d'été, infusions |
| **Origan**<br>*Origanum vulgare*<br>Oregano | Vivace | Si : 15-30 avril<br>T : 15 mai<br>Voir marjolaine | Lamiacées (Labiées). Soleil ou mi-ombre. Sol pauvre. Belles fleurs séchées. Origan panaché et origan doré sont très ornementaux. | *Feuilles :* plats de viande, mets italiens, tomates, farces, pommes de terre, riz |
| **Persil**<br>*Petroselinum crispum*<br>Parsley | Bisanuelle (souvent cultivé comme annuelle) | Semis mi-avril et fin août | Apiacées (Ombellifères). Soleil et mi-ombre. Sol riche. Le persil plat ou italien a plus de goût que le persil frisé. Récolte possible la deuxième année mais moins savoureux. | *Feuilles :* ragoûts, viandes, volailles, soupes, légumes |
| **Romarin**<br>*Rosmarinus officinalis*<br>Rosemary | Vivace non rustique | Planter au printemps (mars) | Lamiacées (Labiées). Soleil. Cultiver en pots et entrer à l'automne. | *Feuilles :* agneau, poulet, aubergines, farces |
| **Sarriette**<br>Sarriette d'été : *Satureja hortensis*<br>Sarriette d'hiver : *Satureja montana*<br>Savory | Vivace | Si : avril-mai<br>T : 15 mai-juin | Lamiacées (Labiées).<br>Soleil. Sol pauvre. Bonne compagne pour chou, brocoli, poivron, aubergine. | *Feuilles :* sauces, pois, haricots, courges |
| **Sauge**<br>*Salvia officinalis*<br>Sage | Vivace ou annuelle selon cultivars | Si : mars<br>T : mai | Lamiacées (Labiées).<br>Soleil. Sol fertile.<br>Renouveler selon la plantation tous les trois ans. Protéger les variétés sensibles en hiver. Départ lent au printemps. | *Feuilles :* farces, porc, soupes |
| **Thym**<br>*Thymus vulgaris*<br>Thyme | Vivace ou annuelle selon cultivars | Se : printemps<br>T : 15 mai | Lamiacées (Labiées).<br>Sol fertile. Soleil. | *Feuilles :* casseroles, courgettes, tomates |

# Les plantes aromatiques : des plantes utiles, donc rentables

Les plantes aromatiques sont vraiment extraordinaires. Elles requièrent peu d'entretien, sont d'excellentes compagnes et certaines ont même des qualités esthétiques. De plus, leurs propriétés multiples en font des plantes très recherchées. Elles sont indispensables en cuisine, de même qu'en médecine. Elles peuvent être utilisées en décoration, ainsi que dans la fabrication de produits d'hygiène ou d'aromathérapie. Enfin, il est facile de conserver leur arôme. Les différentes préparations, dont nous avons parlé précédemment, font aussi de merveilleux cadeaux. Si vous en doutiez, vous devriez maintenant en être convaincu : les plantes aromatiques sont extrêmement utiles, donc rentables.

**Livèche**

**Menthe verte**

**Mélisse**

# Les annuelles, les vivaces et les plantes bulbeuses

7

## Des fleurs évidemment… mais pas à n'importe quel prix

Les plantes herbacées à fleurs sont sans doute, parmi toutes les plantes, celles qui sont les plus appréciées de tous les jardiniers, et pour cause. Avec leurs couleurs, leurs formes attrayantes et, pour certaines, leurs odeurs, les fleurs sont souvent séduisantes. Mais cet irrésistible charme peut nous faire perdre tous nos moyens (et notre jugement) et nous entraîner parfois vers des dépenses irréfléchies. En effet, la plupart des jardiniers sont des passionnés, ce qui les pousse parfois à faire des achats impulsifs. Qui peut se vanter de ne jamais s'être fait éblouir, au moins une fois, dans une jardinerie, par une jolie plante en fleurs qui s'est finalement révélée un mauvais achat ? En effet, après quelques mois, et parfois seulement quelques semaines, la jolie plante s'est transformée en une affreuse chose agonisante, qui a finalement terminé ses jours dans la poubelle. (Oh ! malheur… si au moins vous l'aviez compostée.) Après coup, vous avez peut-être réalisé que cette plante était de culture trop difficile pour votre degré d'expérience de jardinier, qu'il vous était impossible de lui procurer les conditions environnementales optimales ou encore qu'il s'agissait d'une plante sensible aux ravageurs et aux maladies. Et vous avez juré qu'on ne vous y reprendrait plus…

Heureusement, il est possible de cultiver des plantes à fleurs sans y laisser sa chemise. Et c'est heureux puisque ces dernières sont essentielles à l'équilibre d'un jardin écologique. En effet, en plus de leur valeur esthétique incontestable, les plantes à fleurs jouent un rôle important dans le maintien de la biodiversité d'un jardin écologique. Entre autres bienfaits, elles attirent des alliés, tels que les insectes pollinisateurs et prédateurs (voir chapitre 10, *Les ravageurs et les maladies : prévenir plutôt que guérir…*).

Ainsi, pour éviter des achats impulsifs et économiser, voici quelques conseils généraux que vous devrez mettre en pratique avant votre prochaine visite à la jardinerie.

- Consultez des livres sur les plantes à fleurs (voir la bibliographie). Plusieurs vous renseigneront sur les conditions de culture spécifiques à chaque plante (ensoleillement, zone de rusticité, type de sol, sensibilité aux ravageurs et aux maladies).
- Fixez-vous un budget réaliste.
- Évaluez l'espace dont vous disposez pour cultiver de nouvelles plantes.
- Faites une liste des plantes que vous désirez acheter et tentez de la respecter (du moins à 80 %… ça sera déjà assez difficile).

Dans les prochaines sections, vous apprendrez de façon plus précise comment faire des économies dans le choix et la culture des annuelles, des vivaces et des plantes à bulbes.

## Les annuelles

Les annuelles sont des plantes dont la durée de vie est échelonnée sur une seule saison. Il s'agit donc d'une des cultures les plus coûteuses, car elle entraîne des déboursés année après année. Si vous cultivez en pleine terre et que vous avez l'habitude de planter de nombreuses annuelles, pensez à en remplacer progressivement une certaine quantité par des vivaces. Par contre, si vous cultivez sur un balcon, les annuelles demeurent un des choix les plus appropriés. Mais dans les deux cas, voici quelques conseils qui devraient vous faire économiser.

- Effectuez vos propres semis (voir chapitre 9, *Les semis intérieurs et la culture des plantes en pots : pour des pratiques éconologiques*).
- Achetez tôt en saison (mars, avril) des annuelles vendues en microcellules, appelées aussi alvéoles. Ces petites plantules sont moins coûteuses que les plantes adultes. Cependant, assurez-vous de pouvoir leur offrir suffisamment d'espace et de lumière, avant qu'elles ne puissent être transplantées à l'extérieur.
- Associez à vos annuelles des fines herbes et des plantes légumières. En plus d'apporter de la diversité, ces plantes seront utiles en cuisine.
- Privilégiez des annuelles à fleurs que vous pourrez récupérer l'automne venu. Il s'agit en fait de « fausses annuelles », telles que géranium, fuchsia, impatiente, coléus et géranium-lierre. Avant les gelées d'automne, traitez vos plantes au savon insecticide, puis entrez-les dans la maison. Si vous disposez d'une pièce fraîche et sombre, placez-y vos plantes, taillez-les légèrement et minimisez les arrosages. À partir de janvier, déplacez-les dans un endroit plus éclairé et chaud et

entretenez-les comme vos plantes d'intérieur. Enfin, le printemps venu, vos plantes pourront être sorties de nouveau. Si vous ne disposez pas de l'espace nécessaire pour conserver les plants mères, prélevez-y quelques boutures que vous planterez dans un terreau léger.

- Récoltez les semences de certaines annuelles telles que alyssum, pensée, tagète, souci, amarante, cosmos, impatiente, tournesol, etc. Pour éviter les déceptions, abstenez-vous cependant de récolter des semences issues de plantes qui ont elles-mêmes été produites à partir de semences hybrides. Cette information est habituellement indiquée dans les catalogues de semences. Les plantes issues d'hybridation, donc d'un croisement provoqué, contiennent un mélange de gènes qui seront combinés d'une multitude de façons dans leurs semences et qui donneront des résultats souvent décevants.
- Conservez les plantes d'accompagnement à feuillage, à l'intérieur, en fin de saison. La majorité des plantes à feuillage, qui sont habituellement associées aux annuelles, se cultivent très bien à l'intérieur l'automne venu. C'est le cas des hélichrysums, des lierres allemands et anglais, des plectranthes, des pervenches et des cordylines qui peuvent être cultivés comme plantes d'intérieur à la fin de la saison. Quand viendra le temps de les rentrer, vous devriez procéder de la façon décrite précédemment pour les annuelles. Mais vous pourrez aussi, si vous le préférez, conserver quelques tiges (sauf pour les cordylines) dans l'eau, durant tout l'hiver, puis les transplanter dans un terreau au printemps.

**Géranium**

**Coléus**

Lierre allemand

Pervenche

# Les vivaces

Les vivaces sont, à coup sûr, des plantes aux mille possibilités. En effet, elles peuvent répondre au goût de tous, puisqu'il existe des milliers de cultivars dont les couleurs, les formes et les dimensions ne cessent de nous émerveiller. C'est sans doute ce qui explique leur si grande popularité, depuis une vingtaine d'années. Mais cette passion pour les vivaces peut avoir des effets pervers sur la santé de votre portefeuille, à moins que vous ne pratiquiez les principes de jardinage « éconologique » qui suivent.

## La bonne plante au bon endroit

Le principe de « la bonne plante au bon endroit », aussi appelé « aménagement selon les niches écologiques », vous permettra de cultiver les vivaces les plus appropriées aux conditions de votre jardin. Dans un premier temps, vous devrez déterminer les conditions environnementales du site à aménager pour faire par la suite un choix judicieux parmi les vivaces qui correspondent à ces conditions. Cette pratique vous évitera bien des déceptions et des dépenses inutiles. Voici ce qu'il est bon de connaître.

### La zone de rusticité de votre région

La zone de rusticité de votre région correspond à un ensemble de conditions climatiques (températures hivernales minimales, durée de la période sans gel, etc.) qui sont propices à la survie des différents végétaux, dont les vivaces. En France, il existe 6 grandes zones de rusticité qui vont de 5 (la plus rigoureuse) à 10 (la moins rigoureuse). Ces zones sont à leur tour subdivisées en 3 zones identifiées par les lettres A, B et C (de la plus à la moins rigoureuse). Les plantes que vous achetez à la jardinerie sont également identifiées par leur zone de rusticité. À titre d'exemple, si vous habitez en zone 8, vous aurez la possibilité de cultiver plusieurs espèces de plantes, puisque votre choix pourra se porter sur toutes les plantes qui sont zonées de 5 à 8. En revanche, si vous jardinez en zone 7, vous devriez vous contenter de cultiver des végétaux de zone 5 à 7. Mais, une fois que vous aurez acquis un peu plus d'expérience en tant que jardinier, vous pourrez cependant faire quelques écarts à cette règle (sans exagérer toutefois). En effet, certaines conditions de votre jardin pourront créer un microclimat et influencer positivement la survie de vos vivaces. Ainsi, la présence d'une haie de conifères du côté des vents dominants, une importante couverture de neige et un sol adéquat sont tous des facteurs qui pourront contribuer à la pérennité des vivaces dont la zone de rusticité est supérieure à la zone de votre région.

### Les caractéristiques du sol

Les caractéristiques du sol sont déterminantes quant à l'état de santé ultérieur de vos plantes. Vous avez donc tout avantage à faire connaissance avec le sol qui est destiné à recevoir vos vivaces. Celui-ci est-il plutôt du type sableux ou argileux ? Votre sol est-il plutôt sec, frais (bien drainé) ou humide ? Est-il acide, alcalin ou plutôt neutre ? Si vous avez de la difficulté à répondre à ces questions, relisez le chapitre 1 et attendez quelques mois, voire quelques années, avant de vous lancer dans la culture des vivaces (ou de toutes autres plantes, d'ailleurs). Prenez le temps d'observer et de « vivre » votre jardin.

### L'ensoleillement du site

L'ensoleillement du site à aménager est également un facteur de première importance dans la survie de vos plantes. Vous devrez donc déterminer, par l'observation, le nombre d'heures d'ensoleillement de chacun des secteurs à aménager, pour les classer dans l'une ou l'autre des catégories suivantes :

- ensoleillé : plus de six heures d'ensoleillement ;
- mi-ombre : deux à six heures d'ensoleillement ;
- ombre : moins de deux heures d'ensoleillement.

## Achetez intelligemment

Une fois que vous aurez déterminé votre zone de rusticité, les caractéristiques du sol et l'ensoleillement du site à aménager, vous pourrez y associer vos propres critères, tels que la couleur, la période de floraison et la dimension des plantes que vous convoitez. Mais d'autres caractéristiques devraient également guider votre choix.

## Les vivaces adaptées

| CONDITIONS | VIVACES ADAPTÉES |
|---|---|
| **Soleil, sol sec** | Baptisia (*Baptisia australis*), achillée (*Achillea*), coréopsis (*Coreopsis*), euphorbe (*Euphorbia*), thym (*Thymus*), sédum (*Hylotelephium*, anc. *Sedum*), gazon d'Espagne (*Armeria maritima*), corbeille d'or (*Alyssum saxatile*), gaillarde (*Gaillardia*). |
| **Soleil, sol frais** | Aconit (*Aconitum*), ligulaire (*Ligularia*), pivoine commune (*Paeonia lactiflora*). |
| **Soleil, sol humide** | Galane (*Chelone*), iris de Sibérie (*Iris sibirica*), astelboïde (*astelboïdes tabularis*), trolle (*Trollius*). |
| **Mi-ombre, sol sec** | Bergénia (*Bergenia*), astilbe de Chine (*Astilbe chinensis*), Hosta lancifolia (*Hosta lancifolia*), deschampsia (*Deschampsia cespitosa*), luzule (*Luzula nivea*). |
| **Mi-ombre, sol frais** | Astilbe (*Astilbe* sp.), brunnera (*Brunnera macrophylla*), actée (*actaea*), alchémille (*Alchemilla mollis*). |
| **Mi-ombre, sol humide** | Sceau-de-Salomon (*Polygonum*), cœur-saignant du Pacifique (*Dicentra formosa*). |
| **Ombre, sol frais** | Petite pervenche (*Vinca minor*), lamier maculé (*Lamium maculatum*), pachysandre du Japon (*Pachysandra terminalis*). |

**Coréopsis**

**Euphorbe**

**Corbeille d'or**

**Pivoine commune**

Iris de Sibérie

Bergénia

Brunnera

Alchemille

Sceau-de-Salomon

Cœur-saignant du Pacifique

Petite pervenche

Lamier maculé

Pachysandre du Japon

Ainsi, vous devriez privilégier des vivaces « rentables », par exemple des vivaces à floraison prolongée, les vivaces odorantes et celles qui attirent les pollinisateurs comme c'est le cas pour plusieurs plantes vivaces indigènes. Pour faire un choix éclairé, consultez des livres (voir bibliographie) et des revues qui sont conçus pour votre région. Si vous ne vous sentez pas de taille, demandez conseil à un professionnel de l'aménagement.

Dans le tableau page 118, vous trouverez quelques exemples de vivaces adaptées en fonction de l'ensoleillement et des caractéristiques du sol. Toutes les plantes sont de zone de rusticité 4 et moins. Notez que certaines de ces vivaces peuvent également être adaptées à des conditions apparentées.

Ça y est, votre choix est enfin arrêté… ou presque. Vous êtes prêt à vous rendre à la jardinerie. Mais attention, toutes vos bonnes intentions « éconologiques » pourraient se réduire à néant, à moins que vous ne suiviez les précieux conseils qui suivent.

- Il est bien connu qu'il vaut mieux avoir le ventre plein avant d'aller faire l'épicerie, cela pour éviter des achats impulsifs. Dans le même ordre d'idées, avant de vous rendre à la jardinerie, faites d'abord une visite de votre jardin et dressez (si ce n'est déjà fait) la liste des plantes que vous possédez déjà.
- Attention aux coups de cœur. Même s'il n'est pas totalement interdit de faire quelques écarts à votre liste, à l'occasion, assurez-vous que la belle plante qui vous séduit répond tout de même aux conditions de votre jardin (zone, ensoleillement, sol). Lisez attentivement les étiquettes et, au besoin, consultez des livres ou des revues qui sont sur place.
- Évitez l'achat des vivaces qui sont sensibles aux ravageurs et aux maladies (voir le chapitre 10, *Les ravageurs et les maladies : prévenir plutôt que guérir*).
- Profitez des ventes de fin de saison.
- Achetez des vivaces vendues en petits contenants de 10 et 15 cm. Bien sûr, vous devrez être patient, car votre plante prendra peut-être une année ou deux avant d'atteindre une taille respectable, mais vous aurez le bonheur de la voir grandir. Après tout, vous jardinez pour votre plaisir et non pas pour impressionner les voisins.

## La multiplication des vivaces

Une autre raison « éconologique » pour privilégier la culture des vivaces est qu'elles se multiplient aisément. Ainsi, la plupart se divisent facilement et certaines peuvent être reproduites par semis, par bouturage et par marcottage.

La division des vivaces vous fournira une excellente occasion de faire des échanges avec les parents et les amis. Vous profiterez en même temps d'un partage de conseils d'entretien qui sont aussi très utiles. De façon générale, il est recommandé de diviser en début d'été les vivaces qui fleurissent en fin d'été et inversement de diviser en fin d'été celles qui fleurissent en début d'été.

Plusieurs peuvent se propager par semis intérieur ou extérieur. En plus d'être très économique, le semis procure de grands bonheurs. D'ailleurs, les vivaces que vous aurez produites à partir de semis deviendront vite les chouchous de votre jardin (voir chapitre 9, *Les semis intérieurs et la culture des plantes en pots : pour des pratiques éconologiques*). De plus, si vous en avez la patience, vous pourrez récolter les semences de certaines vivaces dont la centaurée, le delphinium, le stachys, le pavot et la rudbeckie.

La multiplication des vivaces peut également être réalisée par bouturage ou par marcottage de tiges. Selon Larry Hodgson, journaliste horticole bien connu, les plantes qui se prêtent bien au bouturage et au marcottage sont l'armoise, la buglosse, la campanule, l'herbe aux chats, le lamier, la lysimaque, l'œillet sauvage, l'orpin, le phlox, la physostégie, la scabieuse, l'éphémérine et la véronique. Les vivaces à tiges lâches telles que le géranium, la gypsophile et la potentille peuvent également se reproduire par marcottage.

## Les plantes bulbeuses à floraison printanière

La culture des plantes bulbeuses à floraison printanière attire chaque année plusieurs adeptes, tant chez les jardiniers amateurs que professionnels. Ce n'est pas étonnant, puisque les vulgaires « oignons » qui sont plantés en terre à l'automne se transforment, comme par magie, en d'attrayantes fleurs de toutes les couleurs, le printemps venu. Rien de tel pour oublier la grisaille et la blancheur uniforme de l'hiver. Mais

la culture des plantes bulbeuses peut aussi vous entraîner dans des dépenses phénoménales, à moins que vous ne suiviez les recommandations suivantes.

- Achetez des bulbes de qualité. Évitez les bulbes qui comportent des meurtrissures ou de la moisissure.
- Assurez à vos bulbes de bonnes conditions de culture : emplacement ensoleillé au printemps, bon drainage, compost, paillis (si moins de 30 cm de neige s'accumulent, dans ce secteur de votre jardin).
- Respectez la zone de rusticité.
- Après la floraison, couper les hampes florales, mais assurez-vous que les feuilles aient totalement jauni avant de les tailler. Les bulbes doivent emmagasiner l'énergie produite dans les feuilles grâce au phénomène de photosynthèse.
- Effectuez des achats de groupe, en vous adressant aux sociétés d'horticulture de votre région.

Mais surtout :

- Évitez l'achat de bulbes qui dépérissent après une année ou deux. C'est le sort réservé à plusieurs bulbes de tulipes tardives et à grosses fleurs, telles que les tulipes perroquets, les tulipes à fleurs de lis et les tulipes à fleurs de pivoines.
- Privilégiez l'achat de bulbes qui vont se naturaliser, c'est-à-dire qui fleuriront durant plusieurs années, comme c'est le cas pour les tulipes simples et hâtives (les hybrides de Darwin, les tulipes kaufmannianas, les tulipes greigii et les tulipes botaniques), les narcisses, les crocus, les muscaris et les petits bulbes qui sont habituellement plantés dans la pelouse tels que les scilles et les gloires des neiges (*Chionodoxa*). Ces derniers vont

**Tulipe botanique**

**Narcisse**

**Gloire des neiges**

même se multiplier allégrement, année après année, pour former un beau tapis printanier (le plus souvent bleu), de plus en plus grand.

## Les plantes bulbeuses à floraison estivale

Les plantes bulbeuses à floraison estivale, aussi appelées « bulbes tendres », peuvent s'avérer d'excellents choix « éconologiques » si elles sont correctement conservées et replantées année après année. En effet, comme leur nom l'indique, les bulbes tendres n'ont pas la rusticité des bulbes à floraison printanière ; ils doivent donc être retirés du jardin, l'automne venu.

Dans les régions où la saison de végétation est très longue, les bulbes tendres peuvent être plantés directement au jardin au printemps. Mais, dans la plupart des cas, il est préférable de démarrer les bulbes tendres à l'intérieur, en les plantant dans de petits pots individuels ou dans des caissettes.

Même si elles portent le nom de plantes bulbeuses à floraison estivale, l'organe de réserve dont elles sont issues n'est pas réellement un bulbe, mais plutôt un rhizome, un cormus ou un tubercule. Il existe de nombreuses plantes bulbeuses à floraison estivale, mais les plus populaires sont les callas, les glaïeuls, les cannas, les dahlias et les bégonias tubéreux.

**Attention :** la plupart des bégonias qu'on achète en caissette ou en pot ne sont pas produits à partir d'un tubercule, mais plutôt par bouturage.

### Conservation des bulbes tendres

À l'automne, dès que le feuillage commence à jaunir (ce qui correspond habituellement à la première gelée), déterrez les plantes, puis laissez-les sécher dans un endroit sec et bien aéré. Rejetez les bulbes qui sont blessés et les sections (comme les

**Canna**

**Bégonia tubéreux**

vieux cormus de glaïeuls) qui sont séchées. Pour conserver les bulbes, mélangez-les à un substrat, tel que la vermiculite, la tourbe, le sable ou le bran de scie, et placez-les dans un sac de papier brun, une boîte d'œufs en carton ou une caisse de bois. Enfin, entreposez le tout dans une armoire ou une pièce fraîche et sombre. Observez vos bulbes de temps à autre et, si vous constatez que certains d'entre eux semblent se détériorer, jetez-les afin d'éviter qu'ils ne contaminent les autres.

## Et le cycle se répète

Si vous offrez à vos plantes à bulbes à floraison estivale des conditions de culture convenables (ensoleillement, sol, fertilisation) et qu'une fois l'automne venu vous les entreposez correctement, vous aurez le bonheur d'en profiter durant de nombreuses années, puisque le cycle se répétera *ad vitam aeternam*.

# Les arbres et les arbustes

## Investir pour l'avenir

Les arbres et les arbustes constituent l'épine dorsale de l'aménagement paysager, mais ce sont aussi les végétaux qui supposent les investissements les plus importants. C'est pourquoi ils doivent être choisis, plantés et entretenus avec soin.

## Les avantages de la culture des arbres et des arbustes

Le rôle des arbres et des arbustes ne se limite pas à structurer le paysage. Ils ont en fait plusieurs autres avantages incontestables.

### Les arbres et les arbustes sont de véritables poumons

Les arbres et les arbustes font véritablement office de poumons de nos villes en filtrant l'air vicié pour le rendre plus sain. Grâce au processus de photosynthèse, les feuilles des arbres et des arbustes utilisent le gaz carbonique produit par les automobiles, les usines et notre propre respiration pour le transformer en oxygène. De plus, les feuilles des arbres et des arbustes captent différents polluants ainsi que les poussières, limitant ainsi leur circulation dans l'air.

### Ils contribuent à la biodiversité

Les arbres et les arbustes sont essentiels pour la survie de la petite faune. En effet, certains servent de refuges pour une grande diversité d'oiseaux, d'insectes et de petits animaux alors que d'autres fournissent à ceux-ci la nourriture dont ils ont besoin pour vivre (baies, glands, samares, etc.). La présence de cette petite faune contribue à son tour à maintenir la biodiversité si importante pour conserver un environnement en santé.

### Ils régularisent la température

Les arbres et les arbustes feuillus constituent de véritables régulateurs de température. Ils fournissent de l'ombre, tant appréciée en été, tout en laissant filtrer les rayons du soleil en hiver. Ainsi, des arbres feuillus plantés à l'ouest ou au sud de votre demeure atténueront les effets des chauds rayons du soleil dans votre demeure en été tout en permettant un ensoleillement maximal durant l'hiver. D'autre part, la plantation d'arbres, de conifères et de massifs d'arbustes du côté des vents dominants formera un brise-vent, créant ainsi de véritables abris pour vous et vos plantes frileuses.

### Ils contribuent à améliorer la qualité de l'eau

Les racines des arbres et des arbustes captent et filtrent l'eau de pluie et de fonte des neiges. Sans la présence des végétaux, cette eau souvent associée à plusieurs polluants serait entraînée vers les cours d'eau et les égouts fluviaux, causant ainsi de la pollution.

### Ils améliorent la qualité de vie

Les arbres et les arbustes qui poussent en ville contribuent au bien-être physique et mental des citadins. En plus des effets positifs sur l'environnement (donc sur la santé) cités antérieurement, leur présence est bénéfique pour la santé psychique. Ainsi, ils suscitent un sentiment de calme par leur dimension plus humaine dans un paysage urbain souvent démesuré. De plus, ceux-ci nous « branchent » sur les saisons qui passent. En effet, il est aisé d'associer la saison avec certains phénomènes, tels que le débourrement des premiers bourgeons au printemps, l'explosion de verdure en été, les teintes spectaculaires des feuilles en automne et la blancheur des conifères en hiver. Enfin, les arbres, mais aussi certains arbustes, permettent d'établir des liens tangibles avec le passé, car leur présence se prolonge souvent bien au-delà d'une vie humaine.

## Le choix des arbres et des arbustes

Plus que tous les autres végétaux, le choix des arbres et des arbustes doit se faire avec application pour éviter des conséquences fâcheuses tant sur le plan environnemental que financier. Évitez les achats et les interventions précipités que vous risqueriez de regretter plus tard. La nature aime prendre son temps ; faites de même !

## Planifiez d'abord votre aménagement

Lorsque vous emménagez dans une nouvelle demeure qui implique évidemment un nouveau terrain, prenez le temps d'y vivre au moins une année complète avant de procéder à l'aménagement. En agissant de cette façon, vous aurez la possibilité de prendre connaissance des contraintes existantes et de vos réels besoins. Prenez le temps de « vivre votre terrain » pour déterminer les zones d'activité ou les thèmes que vous désirez développer.

Durant cette période d'adaptation, vous pourrez procéder à la première étape de l'aménagement qui consiste à dessiner un plan de la situation existante de votre terrain. Selon votre habileté et votre budget, vous choisirez de dresser un plan à la main (sur du papier quadrillé) ou à l'ordinateur, à l'aide d'un simple petit logiciel de dessin ou… de faire appel à un professionnel de l'aménagement paysager.

Servez-vous du plan de localisation de votre terrain et reportez toutes les informations existantes telles que la dimension et la situation de la maison, du cabanon, de l'entrée d'auto, de la clôture, etc. Si vous utilisez un papier quadrillé, déterminez une échelle de base (par exemple : 1 carré = 1 mètre carré).

La seconde étape consiste à établir un plan d'action de votre aménagement paysager dont la réalisation sera répartie sur 3 ou 4 années et même plus. Vous pourrez, par exemple, choisir d'aménager la façade la première année, puis répartir les travaux de la cour arrière les années suivantes, par zones d'activité (jeux, potager, repas, détente, jardin d'eau, etc.). En procédant de cette façon, vous aurez le temps de mieux connaître les conditions environnementales de chacun des secteurs de votre terrain et de laisser libre cours à votre créativité. Enfin, cela vous permettra d'étaler les coûts, les travaux et… le plaisir.

Enfin, la troisième étape de la planification consiste à dessiner votre plan d'aménagement à partir du plan de base. Commencez d'abord par les infrastructures permanentes (cabanon, patio, entrée d'auto, etc.), puis placez les arbres et les arbustes que vous aurez choisis selon les critères « éconologiques » de la prochaine section et, enfin, dessinez le contour des plates-bandes de vivaces et d'annuelles, du potager, etc.

## Le choix des arbres et des arbustes selon des critères « éconologiques »

Voici les critères qui devraient vous guider dans le choix des arbres et des arbustes.

### La rusticité

Plus que n'importe quelle plante, les arbres et les arbustes doivent être choisis en fonction de leur rusticité, c'est-à-dire de leur résistance au froid. Si vous ne connaissez pas la zone de rusticité de votre région, référez-vous à la carte des zones de rusticité de la page 173 ou recherchez cette information sur le site Internet du ministère de l'Agriculture de votre région. Assurez-vous de toujours choisir des arbres et des arbustes dont la zone de rusticité est égale ou inférieure à celle de votre région. Par exemple, si vous habitez dans une zone de rusticité 7, choisissez des arbres et des arbustes des zones 5, 6 et 7, mais évitez ceux qui sont de zone 8 et plus. Vous n'avez aucun intérêt à tricher comme on le fait parfois pour les vivaces, car les arbres et les arbustes peuvent rarement compter sur la présence de neige ou d'une plante plus imposante pour les protéger contre les ri-

gueurs de l'hiver. Prenez garde, le fait que certains végétaux soient vendus dans une jardinerie ou une pépinière locales ne garantit en rien qu'ils soient « zonés » pour votre région.

## Les conditions environnementales du site à aménager : ensoleillement, qualité du sol, vent, couverture de neige

Si vous avez pris le temps de « vivre votre jardin », vous devriez être maintenant en mesure de préciser les conditions environnementales des différents secteurs. Ainsi, vous pourrez répondre aux questions suivantes : Est-ce que le site à aménager est ensoleillé, mi-ombragé ou ombragé ? Votre sol est-il plutôt argileux ou sableux, très sec ou constamment humide ? Les vents y sont-ils très menaçants ? Est-ce que la neige s'y accumule ? Les conditions que vous aurez notées devront par la suite être comparées aux conditions optimales des végétaux convoités.

## La dimension à maturité

La dimension des arbres et arbustes à maturité est une considération très importante pour éviter les déceptions et les problèmes futurs. N'oubliez pas que le petit arbre que vous achetez à la jardinerie deviendra parfois très très grand… Plusieurs jardiniers se repentent aujourd'hui de ne pas avoir suffisamment évalué cette caractéristique. Ils ont acquis par le passé des végétaux, dont l'ampleur non prévue est devenue problématique avec les années. Certains ont aménagé, sans discernement, des végétaux de fortes dimensions sur de petits terrains. Ils se retrouvent aujourd'hui limités dans leurs possibilités d'aménagement, car leur terrain, maintenant trop ombragé, ne leur permet pas d'y planter certains végétaux qui requièrent un ensoleillement maximal tels que les plantes légumières, les petits fruits et plusieurs vivaces. Ces jardiniers tentent malencontreusement de réparer les dégâts en effectuant des tailles importantes qui compromettent la santé de leurs arbres ou arbustes ou, pire encore, ils doivent sacrifier un patriarche de plusieurs dizaines d'années. Pour éviter ces désagréments, prenez le temps d'évaluer les végétaux convoités en fonction de l'espace disponible et de leur développement prévisible.

Lors de la détermination de l'espace disponible pour aménager les arbres et les arbustes de vos rêves, vous devrez tenir compte, non seulement de la proximité de la maison, du cabanon, du jardin d'eau ou de toute autre construction, mais également de la présence des fils électriques, de la corde à linge, et bien entendu de la limite de votre terrain. Vos arbres ne devraient pas nuire à votre voisin en surplombant sa propriété. Qui n'a pas déjà entendu parler d'un arbre ayant causé des mésententes entre voisins ?

Ensuite, informez-vous quant à la dimension à maturité de l'arbre ou de l'arbuste convoité. Prenez en considération sa hauteur et sa largeur, mais jugez également de l'ampleur des racines qui peut être deux fois plus imposante que l'ampleur des branches, pour certains arbres.

## La résistance aux insectes et aux maladies

La résistance aux insectes et aux maladies est également un facteur très important à considérer dans le choix de vos arbres et de

**Pommetier**

**Caragana**

vos arbustes. Les plantes sensibles requièrent des soins qui sont la plupart du temps peu écologiques et c'est sans compter le temps et l'argent qui vous seront nécessaires pour maintenir « artificiellement » en vie ces végétaux. Plusieurs pommetiers décoratifs sont sensibles aux maladies, mais heureusement certains cultivars sont résistants. Informez-vous avant de faire l'acquisition d'un pommetier ou de tout autre arbre et arbuste (voir chapitre 10, *Les ravageurs et les maladies : prévenir plutôt que guérir*).

## Le besoin d'entretien et de protection hivernale minimale

Vous devriez opter, autant que possible, pour des arbres et des arbustes qui sont peu exigeants en termes d'entretien et de protection hivernale. Lorsqu'un arbre ou un arbuste requiert des soins extraordinaires pour être maintenu en vie, c'est qu'il n'est pas adapté aux conditions environnementales du jardin.

C'est le cas, notamment, de plusieurs petits arbres pleureurs (mûrier, caragana, etc.) que certains jardiniers trouvent très mignons, mais qui ne peuvent survivre sans une protection hivernale élaborée (et rarement très esthétique). En effet, ces petits arbres comportent un porte-greffe et un greffon qui sont sensibles aux dommages causés par le froid, la neige et le verglas. Vous aurez tôt fait de vous lasser de ces végétaux exigeants et ceux-ci dépériront s'ils ne reçoivent pas les soins appropriés.

D'ailleurs, si le jardinage est devenu une corvée plutôt qu'un réel plaisir pour vous, c'est peut-être un indice que certains de vos végétaux sont trop exigeants. Optez donc pour des arbres et des arbustes qui sont autonomes et qui demandent peu d'entretien et de protection hivernale.

## L'intérêt écologique supplémentaire

Plusieurs arbres et arbustes ont un intérêt écologique supplémentaire car ils fournissent à la petite faune le gîte ou la nourriture. Ainsi, certains arbres et arbustes sont reconnus pour attirer les oiseaux. C'est le cas notamment de l'amélanchier du Canada, du frêne rouge, du pommetier, du vinaigrier, du sureau, ainsi que de la plupart des conifères et des arbres et arbustes à fruits. Les arbres et arbustes à fleurs auront également un intérêt particulier, parce qu'ils attirent non seulement les papillons, mais aussi plusieurs insectes utiles dont les pollinisateurs et les prédateurs.

## L'intérêt économique

Selon vos intérêts, l'acquisition d'arbres et d'arbustes pourra également vous procurer des avantages économiques. Ainsi, vos choix pourront se porter sur des végétaux qui produisent des fruits, des graines ou de la sève comestible, ou encore sur d'autres possédant des propriétés médicinales. Vous pourrez aussi opter pour des végétaux qui se multiplient facilement, ce qui en augmentera la rentabilité.

## Vos goûts

Évidemment, vos goûts sont aussi déterminants dans la sélection de vos arbres et de vos arbustes, puisque vous aurez à les côtoyer durant plusieurs années. Quelles caractéristiques recherchez-vous ? Préférez-vous un arbre vous procurant une ombre dense comme la plupart des érables ou une ombre légère comme les féviers, par exemple ? Quelle forme d'arbre serait la plus appropriée ? Allongée, globulaire ou autre ? Opterez-vous pour un arbre ou un arbuste de couleur verte, rouge ou panaché de blanc ?

Ça y est, vous avez maintenant en main toutes les informations nécessaires pour préciser vos choix d'arbres et d'arbustes. Afin de compléter progressivement votre plan d'aménagement, consultez des livres qui offrent des descriptions exhaustives des arbres et des arbustes (voir la bibliographie) ou confiez cette tâche à un professionnel de l'aménagement paysager qui saura respecter vos critères « éconologiques ».

## L'achat, la plantation et l'entretien des arbres et des arbustes

L'achat, la plantation et l'entretien des arbres et des arbustes sont des interventions qui seront déterminantes pour leur survie. Prenez donc tout le temps nécessaire pour les effectuer avec soin.

### L'achat : choisir des spécimens de qualité

Une fois à la jardinerie, observez bien le plant convoité et lisez attentivement l'information contenue sur l'étiquette. Évitez les spécimens qui comportent des branches malades ou cassées. Dans le cas des arbres, privilégiez ceux dont les charpentières (branches principales) sont bien équilibrées sur l'ensemble de leur ramure et dont la flèche terminale est unique. Évitez les végétaux dont plusieurs branches s'entrecroisent. Vérifiez également le système racinaire. À cet effet, demandez au vendeur de sortir le plant de son contenant. Les arbres et les arbustes qui ont séjourné trop longtemps dans leur contenant présentent des racines qui s'enroulent au pourtour de la motte. Par contre, si la motte ne se tient pas, c'est que la plante a été rempotée trop récemment. Vous offre-t-on une garantie sur la survie de vos végétaux ? Si oui, quelle période couvre-t-elle ? Si vous n'êtes pas satisfait de la qualité des végétaux et du service qu'on vous offre, changez de jardinerie, mais ne manquez pas d'en aviser le vendeur. À votre prochaine visite, il y a des chances que les choses aient changé. En tant que consommateur, vous avez un pouvoir que vous ne soupçonnez pas...

# La plantation : procéder avec soin

Les arbres et les arbustes vendus en contenant peuvent être mis en terre en tout temps de l'année, mais les meilleures périodes de plantation demeurent le printemps et l'automne. Les conifères font cependant exception. Puisque ceux-ci ont un système racinaire superficiel et peu élaboré, ils ne devraient être plantés qu'au printemps. Quant à la transplantation ou la plantation en motte des arbres et arbustes feuillus, elle ne doit être effectuée que lorsque les plants sont en dormance, c'est-à-dire tôt au printemps avant le débourrement des bourgeons ou à l'automne, après le changement de coloration des feuilles.

Pour la plantation des arbres et arbustes en contenant, procédez de la façon suivante.

- Arrosez copieusement le plant dans son contenant.
- Creusez le trou et placez la terre extraite sur une bâche de plastique ou dans une brouette. La profondeur du trou devrait correspondre à celle du contenant plus 15 cm et le diamètre du trou devrait correspondre au double de celui du contenant.
- Préparez la terre de plantation. Évitez l'utilisation d'un terreau de plantation commercial pour remplacer totalement la terre de plantation. Cette pratique, en plus d'être coûteuse, est néfaste pour l'établissement des racines qui sont ainsi confinées dans un espace où le sol diffère totalement de celui d'origine. En fait, la terre de plantation doit simplement être constituée de deux parties de terre provenant du trou combinées à une partie de compost. Ce mélange convient dans la plupart des cas, mais on peut y apporter quelques modifications pour les situations suivantes :
  - ✔ si le sol existant est réellement impropre, par exemple s'il est constitué principalement de cailloux, préparez le mélange de plantation suivant : 1/3 de terre provenant du trou, 1/3 de terreau de plantation, 1/3 de compost ;
  - ✔ pour la plantation des végétaux acidophiles (conifères, rhododendrons, bleuets), préparez le mélange suivant : 1/3 de terre provenant du trou, 1/3 de mousse de tourbe, 1/3 de compost.
- Déposez 15 cm du mélange de plantation dans le fond du trou, ajoutez un engrais naturel riche en phosphore ou un

supplément de croissance constitué de mychorizes.

- Extrayez la motte de racines de son pot et déposez-la dans le trou de plantation, en vous assurant que le niveau supérieur de la motte corresponde au niveau du sol (ou qu'il soit légèrement supérieur dans le cas des sols argileux).
- Remplissez de terre les espaces autour de la motte à l'aide du mélange de plantation jusqu'à la moitié de la hauteur du trou, puis arrosez et laissez l'eau pénétrer.
- Tassez la terre avec vos pieds.
- Remplissez le trou avec le mélange de plantation, arrosez et tassez la terre à nouveau.
- Aménagez une cuvette d'arrosage en périphérie du trou, dans le but de retenir l'eau, et arrosez encore.
- Installez un tuteur du côté des vents dominants, pour les arbres de plus de 2 m de haut.
- Arrosez une fois par semaine, s'il ne pleut pas, durant les six premières semaines.

## L'entretien des arbres et des arbustes : protéger son investissement

Une fois que votre arbre ou votre arbuste est bien installé sur votre terrain, vous avez le devoir de lui offrir les soins de base pour protéger votre investissement.

### Les travaux d'automne

À l'automne, défaites la cuvette d'arrosage des arbres et des arbustes plantés dans la saison et ajoutez une couche de 5 à 10 cm de paillis à la base, si vous ne l'avez pas fait lors de la plantation. La protection hivernale quant à elle ne doit pas se transformer en « surprotection hivernale ». Si vous avez pris soin de choisir des végétaux adaptés aux conditions de votre terrain, la protection hivernale pourra souvent se réduire aux deux interventions suivantes.

- Posez, à la base du tronc des jeunes arbres, une bandelette de protection contre les rongeurs.
- Attachez les branches frêles des arbustes et des jeunes arbres en ceinturant ceux-ci à l'aide d'une corde de fibre naturelle (sisal, jute ou coton).

Des protections hivernales plus élaborées comme des clôtures à neige et des toiles géotextiles (ou parfois les deux) seront pertinentes dans les situations particulières suivantes :

- ✔ lorsque les végétaux sont situés en bordure d'une artère principale très achalandée, pour les protéger contre les méfaits du sel de rue qui est soulevé par le passage rapide des automobiles (embrun salin) et qui provoque la déshydratation et la mort des bourgeons ;
- ✔ lorsque les végétaux sont placés dans des secteurs problématiques, par exemple près d'une bordure de toit ou là où la neige est soufflée, pour protéger contre les bris mécaniques dus à l'accumulation de neige ou de glace.

### Les pratiques régulières d'entretien

- Une fois tous les deux ans ou selon les besoins de la plante et du sol, ajoutez du compost et des engrais naturels aux jeunes arbres et aux arbustes.
- Ajouter du paillis au besoin, de façon à conserver une bande sans pelouse autour

de vos arbustes et de vos jeunes arbres. Cela évitera des bris de tronc occasionnés par la tondeuse ou le taille-bordure.

- Au printemps, taillez les branches malades, les branches mortes et les branches blessées en faisant une coupe nette juste au-dessus d'un bourgeon ou d'une branche transversale.
- Une fois tous les cinq ans ou au besoin, confiez vos arbres matures à des arboriculteurs professionnels. Ceux-ci se chargeront de faire l'élagage des branches malades, d'éclaircir la cime ou de procéder à une chirurgie si nécessaire. Prenez le temps de vous renseigner sur l'entreprise à qui vous confierez vos « richesses vivantes ». Attention aux arboriculteurs amateurs sans formation sérieuse, qui vous suggéreront peut-être une « taille en boule ». Cette méthode de taille, qui était à la mode il y a une vingtaine d'années, est contestée maintenant par les vrais professionnels, puisqu'elle cause le dépérissement précoce des arbres.

## Multipliez votre investissement

Si vous bénéficiez d'un grand terrain et si vous êtes patient, vous pourrez utiliser différentes techniques pour multiplier les arbres et les arbustes. Évidemment plusieurs d'entre eux peuvent être multipliés par semis, mais ce procédé exige beaucoup d'attention. Par contre, d'autres méthodes comme le marcottage, la division, le bouturage et plus particulièrement le bouturage de bois vert s'avèrent souvent plus accessibles pour le jardinier amateur.

## Le bouturage de bois vert

Certains végétaux peuvent être multipliés par bouturage de bois vert. Cette technique est relativement facile pour les essences suivantes : chalef, cornouiller, cotonéaster du Japon, érable de l'Amour, fusain ailé, gadelier, peuplier, physocarpe, potentille, cerisier des sables, saule, spirée, vigne vierge, vigne de Boston. Elle est également possible pour le faux-cyprès, le genévrier, l'hydrangée, le philadelphus et le weigela.

Procédez de la façon suivante.

- Au printemps ou au début de l'été, prélevez de jeunes pousses vertes (environ 10 à 15 cm) à l'extrémité des branches en les coupant en biseau au-dessous d'un nœud ou d'une feuille.
- Supprimez les feuilles sur la moitié inférieure de la bouture et réduisez la dimension des feuilles restantes de moitié, si elles sont très grosses, à l'aide de ciseaux.
- Préparez un terreau en mélangeant une partie de sable à une partie de vermiculite et remplissez-en une caissette, compactez légèrement et arrosez abondamment le terreau.
- Faites des trous dans le mélange avec un crayon ou avec le doigt, insérez-y l'extrémité inférieure des boutures et recouvrez le tout d'un sac de plastique transparent.
- Placez la caissette dans un endroit ombragé du jardin.
- Vérifiez régulièrement le terreau et arrosez au besoin.
- Après trois ou quatre semaines, vérifiez l'enracinement des boutures et rempotez dans des contenants individuels ou directement en pleine terre.

Et enfin, imaginez le plaisir que vous aurez dans les années à venir, à contempler un arbre ou un arbuste que vous aurez produit à partir d'une simple bouture !

**Saule**

9

# Les semis intérieurs et la culture des plantes en pots

## Pour des pratiques éconologiques

En plus d'être très agréables, les techniques entourant les semis intérieurs et la culture des plantes en pots sont facilement adaptables aux principes « éconologiques ».

Avec les semis intérieurs, vous découvrirez, si ce n'est déjà fait, une façon économique de produire une grande quantité de plantes destinées à votre jardin, votre balcon ou votre demeure. Ainsi, plusieurs plantes légumières et aromatiques, la plupart des annuelles, certaines vivaces et même quelques plantes d'intérieur peuvent avantageusement débuter à l'intérieur, par semis.

Quant à la culture des plantes en pots, que celle-ci soit destinée à agrémenter votre demeure ou votre patio, elle vous comblera de satisfaction, et ce, principalement si vous adoptez des pratiques « éconologiques ».

## Les semis intérieurs

L'avantage économique de la production de plants par semis intérieurs est incontestable. Un plant produit par semis coûte évidemment moins cher qu'un plant acheté en caissette ou en minicellule. Pour ce qui est des plants vendus en pots, leurs coûts peuvent varier de 2 € à 4 €.

Mais, en plus des considérations économiques, il y a d'autres bonnes raisons pour faire ses propres semis. Ainsi, vous aurez accès à une multitude, voire à des milliers de semences variées. En comparaison, lorsque vous achetez vos plants à la jardinerie, vous avez beaucoup moins de choix. De plus, la pratique du semis vous permet de jouer dans la terre bien avant de pouvoir le faire à l'extérieur. Enfin, quand viendra le moment de la récolte de toutes ces fleurs, ces légumes ou ces plantes aromatiques, vous aurez raison d'être fier de ces végétaux que vous aurez vus grandir à partir de la semence. D'ailleurs, une fois que vous aurez goûté au plaisir de démarrer vos propres semis, vous ne pourrez sans doute plus vous passer de cette formidable expérience.

Cependant, la culture des plantes à partir du semis ne procure pas que des joies. Elle peut aussi se conclure par un échec total ou partiel, si vous n'avez pas pris soin de réunir toutes les conditions nécessaires à la bonne marche de l'expérience. Prenez le temps de lire les lignes qui suivent, et au besoin, procurez-vous un document qui traite plus à fond du sujet (voir la bibliographie). Pour votre première expérience, commencez par une ou deux plantes et choisissez des espèces faciles (les tomates, par exemple) qui ne demandent pas absolument un éclairage artificiel. Prenez le temps de « bichonner » vos quelques rejetons et si votre expérience est concluante, vous pourrez vous permettre d'augmenter la quantité de plantes les années ultérieures.

Mais dans votre enthousiasme, ne perdez pas de vue que vos jeunes semis prendront de plus en plus de place en grandissant avant qu'ils soient prêts à être transplantés au jardin. De plus, vous devrez tenir compte de l'espace dont vous disposez au jardin. Mais, qu'importe si vous produisez plus de plants que votre jardin peut en recevoir, il y aura sûrement parmi vos parents, amis ou voisins, des jardiniers qui ne demanderont pas mieux que de profiter de vos petits protégés.

## Le choix des semences

Le choix des semences, que celles-ci soient destinées aux semis intérieurs ou extérieurs, devrait se faire selon l'ordre de préférence suivant : semences certifiées biologiques, semences cultivées biologiquement sans être certifiées, et enfin, semences cultivées de façon conventionnelle mais non traitées avec un fongicide. Puisque ces types de semences sont souvent peu disponibles dans les jardineries (la très grande majorité des semences vendues sur le marché sont issues de la culture conventionnelle et traitées avec des fongicides de synthèse), il est donc plus facile de se les procurer directement chez les fournisseurs de semences spécialisés, par la poste ou Internet. Outre cet avantage, il y a d'autres bonnes raisons pour commander vos semences directement des fournisseurs.

Ainsi, vous aurez le choix dans une gamme importante de cultivars, dont certains peu communs, tels que les semences de variétés anciennes. Vous aurez également accès à des semences de qualité supérieure et il vous sera plus facile d'obtenir des précisions sur les particularités des cultivars, entre autres la croissance déterminée ou indéterminée des tomates. Enfin, le bonheur que vous éprouverez à procéder à vos achats de semences, assis confortablement au chaud, dans votre salon dès le mois de janvier, s'ajoutera aux nombreux avantages des semis intérieurs.

# Le matériel

Pour une première expérience, le matériel utile aux semis intérieurs pourra se limiter à quelques contenants, un terreau naturel et des accessoires de base. Au fur et à mesure que vous développerez cette pratique, vous pourrez augmenter votre matériel de semis. Cependant, vous devriez éviter d'acquérir des gadgets inutiles et récupérer autant que possible.

## Les contenants et les accessoires

Les contenants à semis peuvent la plupart du temps provenir de la récupération. Jetez un coup d'œil dans votre boîte de recyclage, vous y trouverez sans doute divers contenants qui peuvent être utilisés pour les semis. Ainsi, les petits contenants de yogourt et de fromage font d'excellents petits pots à semis, alors que les boîtes d'œufs (bio… bien entendu) en plastique se transforment en mini-serres pratiques.

La majorité des contenants qui ont servi aux plantes que vous avez achetées antérieurement peuvent également être récupérés. Ne manquez donc pas de conserver les caissettes (divisées ou non), en polystyrène, en fibre ou en plastique ainsi que les pots individuels. Avant de réutiliser ces contenants pour vos semis, assurez-vous de bien les nettoyer. Cela vous évitera de propager la fonte des semis, une maladie fongique commune aux semis mais, oh combien désolante ! Enlevez d'abord le surplus de terre, puis lavez soigneusement les contenants dans une eau additionnée d'eau de Javel (une partie d'eau de Javel pour neuf parties d'eau).

Les accessoires qui pourront vous être utiles sont un arrosoir à bec inversé ou à jets fins, des plateaux, des étiquettes, des carrés de verre ou de plastique pour fabriquer une mini-serre, un vaporisateur, un crayon à mine ou un marqueur à l'encre résistant, non seulement à l'eau, mais aussi aux rayons ultraviolets du soleil.

## Les terreaux à semis

Les terreaux à semis peuvent être de fabrication commerciale ou de fabrication maison. Cette dernière option est plus avantageuse, d'une part, parce que plus économique et, d'autre part, parce que la majorité des terreaux commerciaux contiennent des ingrédients synthétiques.

## Les terreaux commerciaux

Avant d'acheter un terreau (ou tout autre produit d'ailleurs), prenez l'habitude de lire les étiquettes afin de prendre connaissance de différentes informations, dont les ingrédients de base. Ne vous fiez pas au nom commercial, qui peut vous mettre sur une fausse piste. Choisissez de préférence un terreau à semis constitué d'ingrédients 100 % naturels. Évitez les terreaux qui contiennent des ingrédients de synthèse tels que engrais chimiques, cristaux de rétention d'eau et agents mouillants. Si vous optez pour un terreau d'empotage tout usage, il pourra être nécessaire de l'alléger en lui ajoutant de la vermiculite, s'il est destiné au démarrage des semis.

## Les terreaux de fabrication maison

Pour la fabrication de terreaux maison, n'utilisez que des ingrédients 100 % naturels, tels que mousse de tourbe, perlite, vermiculite, sable, chaux, engrais naturel, compost. Utilisez de préférence un compost commercial de qualité ou du vermicompost. La perlite est tirée d'une roche volcanique alors que la vermiculite provient du mica, mais toutes les deux sont chauffées à haute température. L'un comme l'autre, ces ingrédients servent à alléger le mélange et à retenir l'eau. Si vous utilisez de la terre à jardin, vous devriez la pasteuriser de la façon suivante : placez la terre dans une lèchefrite (que vous réserverez à cet usage), humectez-la légèrement et placez le tout au four à 95 °C (200 °F) durant une heure.

Pour votre première expérience de fabrication de terreau maison, utilisez l'une ou l'autre des recettes de terreau à semis ou de transplantation qui suivent.

### Terreau à semis

N° 1 : 3 parties de compost, 6 parties de vermiculite, 1 partie de sable

N° 2 : 4 parties de compost, 1 1/2 partie de mousse de tourbe, 4 parties de vermiculite, 1 1/2 partie de sable

### Terreau de transplantation

(Ce terreau est également approprié pour la culture des plantes en contenants.)

N° 1 : 5 parties de compost, 4 parties de vermiculite, 1 partie de sable

N° 2 : 2 parties de terre à jardin, 1 partie de sable ou de vermiculite, 1 partie de compost

**Note :** les terreaux à semis et de transplantation n° 1 sont recommandés par Yves Gagnon.

# Les conditions environnementales

Les conditions environnementales déterminantes pour la réussite des semis intérieurs sont l'éclairage, l'humidité, la température et l'aération.

## L'éclairage naturel ou artificiel

L'éclairage naturel pourra être suffisant pour démarrer des semis intérieurs, si vous bénéficiez d'une fenêtre orientée au sud ou à l'ouest. D'ailleurs, si vous en êtes à votre première expérience, vous devriez vous en satisfaire. N'effectuez que des semis dont la date de démarrage se situe à partir de la fin de mars. Avant cette période, l'intensité et la durée de l'éclairage ne sont pas suffisantes. Si vous optez pour l'éclairage artificiel, vous n'aurez nullement besoin d'un appareillage sophistiqué et coûteux.

Un simple système de fluorescent constitué d'un support pour tubes de 1,2 m, de deux tubes fluorescents dont un « blanc froid » et un « blanc chaud » et de deux chaînes pour suspendre le tout au plafond, sera largement suffisant et peu coûteux, surtout si vous avez la chance de vous procurer un support pour tubes usagé. Pour compléter l'ensemble, ajoutez-y une minuterie programmée de façon à ce que les fluorescents fournissent 14 heures de lumière par jour.

## L'humidité

Les jeunes semis apprécient un taux d'humidité élevé, soit entre 80 et 90 %. Pour maintenir cette condition, plusieurs options sont possibles : placer un humidificateur dans la pièce, vaporiser régulièrement de l'eau sur les jeunes plants et (ou) couvrir les jeunes semis avec un plastique transparent ou une vitre.

## La température

De façon générale une température variant entre 21 °C et 25 °C est souhaitable pour la germination. Par la suite, la température idéale se situe autour de 21 °C le jour et 15 °C la nuit.

## L'aération

Pour éviter les problèmes de moisissure encouragés par un taux d'humidité élevé, assurez à vos semis une bonne aération. Au besoin, utilisez un ventilateur.

## Le calendrier de semis intérieurs

Le calendrier de semis intérieurs permet de préciser les périodes idéales des semis pour chaque plante. Dans votre engouement de débutant, vous serez peut-être tenté de démarrer vos semis plus tôt que les périodes recommandées. Pourtant, il n'y a pas d'avantage à procéder de cette façon, puisque les plants ainsi produits risquent de s'étioler, avant que la température extérieure ne permette leur transplantation au jardin. D'un autre côté, si vous démarrez vos semis plus tard, vos plants seront encore trop frêles pour être transférés au jardin, le moment venu.

La période de semis est déterminée en fonction de la date du dernier gel printanier. Si vous ne possédez pas cette information, renseignez-vous auprès de votre station météorologique régionale ou questionnez les horticulteurs de votre région.

À l'aide du tableau suivant, vous pourrez calculer les périodes de semis précises pour votre région en retranchant de la date du dernier gel de votre région le nombre indiqué de semaines.

Ce tableau se veut un guide pour vos premières expériences de semis. Les résultats peuvent varier, selon les conditions environnementales, les pratiques de culture et les cultivars. Ne manquez pas de noter vos dates de semis ainsi que vos commentaires dans votre journal de bord. Avec l'expérience, vous devriez être en mesure d'établir votre propre calendrier de semis.

## La procédure du semis

Ça y est, vous avez rassemblé tout le matériel et l'information nécessaires. Vous êtes donc prêt à commencer vos semis. Procédez de la façon suivante.

- Humidifiez légèrement et uniformément le terreau et placez-le dans les contenants (caissettes ou autres), puis égalisez et pressez légèrement le terreau.
- Déposez-les semences sur le terreau et couvrez-les d'une mince couche uniforme de terreau. De façon générale, l'épaisseur de terreau ajouté correspondra à deux fois la dimension des semences. Quelques semences préfèrent ne pas être recouvertes de terreau. C'est le cas de plusieurs annuelles dont le muflier, la nicotine, le pétunia, la sauge, l'impatiente, l'alysse et la lobélie.
- Humectez le tout délicatement à l'aide d'un vaporisateur manuel, d'un arrosoir à bec inversé ou à jets fins.
- Recouvrez d'un plastique transparent ou d'une vitre ou placez le contenant dans une mini-serre.
- Installez le tout dans un endroit chaud, par exemple le dessus du réfrigérateur.
- Aussitôt que les graines ont germé, placez les plateaux à la lumière (naturelle ou artificielle).

**Calendrier de semis de quelques plantes légumières, annuelles et aromatiques**

| PÉRIODE DE SEMIS<br>Nombre de semaines avant la date du dernier gel (sous chassis et sous serre) | PLANTES |
|---|---|
| **14 à 16 semaines** | Romarin, bégonia des plates-bandes, géranium des jardins, impatiente |
| **12 à 14 semaines** | Oignon, poireau, céleri |
| **10 à 10 semaines** | Souci, célosie, nicotine, pétunia, piment, poivron, tomate indéterminée, aubergine, mélisse, sarriette, sauge, thym |
| **8 à 16 semaines** | Alysse, muflier, tagète, tomate déterminée, brocoli, chou-fleur, coriandre, persil, lobélie, pourpier, basilic |
| **6 à 8 semaines** | Ciboulette, marjolaine, origan, ricin, laitue*, chou pommé, chou de Bruxelles |
| **4 à 6 semaines** | Melon, capucine, gloire du matin, cléome, coléus |
| **3 à 4 semaines** | Concombre*, courge*, citrouille* |

**Ces plantes légumières peuvent aussi être semées directement au jardin.*

- Surveillez les besoins en eau, mais attention aux excès. Si vous conservez le couvercle de plastique en place, assurez-vous qu'il ne se forme pas de gouttelettes d'eau à l'intérieur de celui-ci. Si c'est le cas, entrouvrez-le.
- Selon que vous avez planté les semences dans des alvéoles multiples ou dans des caissettes, vous devrez procéder à l'éclaircissage ou au repiquage à mesure que les plantules prendront de l'expansion. Le principe est d'éviter que les plants ne se touchent. Si vous optez pour l'éclaircissage, coupez les plants excédentaires au ras du sol, de façon à ne garder qu'un plant à tous les 2 à 5 cm. Quant au repiquage, il consiste à transférer le plant dans un autre contenant afin que ses racines disposent de tout l'espace nécessaire à leur croissance. Certaines plantes peuvent nécessiter plus d'un repiquage. Le repiquage s'effectue à partir du moment où les plantules possèdent au moins deux vraies feuilles en plus des deux cotylédons (ceux-ci émergent en premier du sol et ne sont pas réellement des feuilles, mais des organes de réserve). Manipulez les plantules avec soin en les tenant par une feuille et en supportant les racines à l'aide d'une cuillère ou d'un crayon. Creusez un trou avec un crayon et enfoncez-y la plantule, jusqu'aux cotylédons.
- Prévoyez au moins une semaine précédant la transplantation de vos plants au jardin, pour les acclimater aux conditions extérieures. Commencez l'acclimatation en sortant les plants durant le jour, mais entrez-les le soir venu. Placez-les d'abord dans un secteur ombragé de votre jardin, puis déplacez-les progressivement vers des secteurs plus éclairés. La nuit précédant la transplantation, laissez vos jeunes plants à l'extérieur.

## La culture des plantes en pots

La culture des plantes en pots exige plus de vigilance que la culture en pleine terre. Toutefois, quiconque aime les plantes ne peut se passer de cultiver des plantes d'intérieur qui agrémentent nos demeures, tout au long de l'année. Quant à la culture en pots destinée à l'extérieur, elle procure beaucoup de joie, et ce, principalement pour ceux qui n'ont pas accès à un terrain. Les recommandations qui suivent vous permettront de cultiver facilement les plantes en pots selon des principes écologiques et économiques.

- Intégrez des plantes potagères de petites dimensions et des plantes aromatiques à vos potées fleuries qui sont destinées au balcon. En plus d'offrir un spectacle original, vous profiterez de plantes utiles en cuisine.
- Utilisez des terreaux de fabrication maison (voir les recettes des terreaux de transplantation de la section sur les semis).

- En fin de saison, conservez les terreaux de vos potées fleuries (jardinières et boîtes à fleurs) en les entreposant dans des sacs ou des seaux de plastique. Le printemps suivant, ajoutez une partie de compost pour trois parties de terreau et mélangez le tout, avant de remplir à nouveau vos contenants.
- Utilisez des pots de grès pour vos plantes d'intérieur. La porosité de ceux-ci offre de meilleures conditions pour le développement racinaire. De plus, ces pots s'adaptent à tous les décors, ils ont une durée de vie très longue et lorsque par malchance vous en cassez un, vous pouvez toujours recycler les tessons pour obstruer partiellement le trou d'évacuation, parfois trop grand, des pots.
- Pour la culture extérieure, utilisez toutes sortes de contenants récupérés tels qu'un seau à eau d'érable, une boîte de bois, de vieux pots à fleurs, et redonnez-leur une deuxième vie.
- Conservez l'eau de cuisson des légumes et utilisez-la pour arroser vos plantes.
- Arrosez moins souvent mais en plus grande quantité.
- Lors de l'empotage de vos plantes, intégrez à votre terreau un engrais granulaire 100 % conçu pour la culture des fleurs ou pour les plantes vertes selon le cas et utilisez, par la suite (au moins un mois après la transplantation), des engrais liquides 100 % naturels constitués d'extraits d'algues ou de poissons.

# Les ravageurs et les maladies

## Prévenir plutôt que guérir

Les problèmes de ravageurs et de maladies qui affectent les plantes sont parfois les symptômes d'une mauvaise adaptation à l'environnement, qui apparaissent lorsque survient un stress. Les plantes qui sont bien adaptées à leur milieu, vigoureuses et en bonne santé, sont moins vulnérables aux attaques extérieures.

Les plantes sont des organismes vivants, tout comme les humains ; elles répondent donc à des règles similaires. Ainsi, il est reconnu qu'un humain qui adopte de saines habitudes de vie (bonne alimentation, activité physique régulière, non-usage de tabac, etc.) acquiert une meilleure résistance aux agressions extérieures, comme le virus de la grippe, par exemple. C'est pourquoi un individu en santé aura rarement recours à la médication. Dans le même ordre d'idées, lorsqu'on adopte des pratiques préventives pour maintenir la santé des plantes, celles-ci nécessitent très rarement l'utilisation de pesticides. Et lorsque ces derniers sont absolument requis, les produits à faibles impacts devraient être privilégiés.

## Les pratiques préventives pour maintenir la santé des végétaux

Voici certaines pratiques préventives que vous devriez adopter, pour maintenir la santé de vos végétaux.

- Respectez le sol et assurez-vous de le maintenir en santé en adoptant des pratiques écologiques : interventions appropriées, utilisation d'amendements et d'engrais naturels (voir chapitres 1 et 2).
- Cultivez la plus grande diversité de végétaux possible. Ainsi, les arbres, les arbustes, les vivaces, les annuelles, les plantes légumières et les plantes aromatiques s'aideront mutuellement. Attention aux collections d'une même espèce de plantes ! Celles-ci sont plus vulnérables aux ravageurs puisque ces derniers sont, la plupart du temps, spécifiques à une espèce ou à une famille de plantes. D'ailleurs, la monoculture est rarement l'œuvre de la nature.

Diversité

Monoculture

- Choisissez les plantes les mieux adaptées en fonction de l'environnement (ensoleillement, type de sol, aération, etc.) ou inversement, choisissez l'environnement le plus adéquat pour un groupe de plantes (par exemple, le site le plus ensoleillé de votre terrain devrait être réservé à la culture des plantes légumières).
- Optez pour les végétaux et les cultivars les plus résistants aux ravageurs et aux maladies. Limitez la culture des plantes plus sensibles telles que les rosiers hybrides de thé (*Rosa* x), les roses trémières (*Alcea rosea*), les lis (*Lilium* x), les iris des jardins (*Iris* x *germanica*), les ancolies (*Aquilegia*), les phlox des jardins (*Phlox paniculata*), certaines monardes (*Monarda*), les bouleaux (*Betula*), les viornes (*Viburnum*), le chèvrefeuille à haie (*Lonicera tatarica*), le sorbier des oiseaux (*Sorbus aucuparia*), l'orme d'Amérique (*Ulmus americana*) ainsi que les arbres et arbustes fruitiers non résistants.
- Acceptez et encouragez la présence d'insectes et d'animaux utiles (voir prochaine section).
- Adoptez de bonnes pratiques de gestion de l'eau (paillis, binage, éviter autant que possible d'arroser le feuillage, s'abstenir d'arroser en soirée).
- Taillez rapidement les parties des plantes qui sont atteintes de maladies fongiques, bactériennes ou virales. Dans le cas d'une infestation grave, détruisez les parties prélevées (ne pas les composter).
- Adoptez de saines pratiques d'entretien : tonte de pelouse plus haute, compagnonnage, rotation.
- Évitez l'usage des pesticides de synthèse. Plusieurs sont nocifs à différents degrés pour les micro-organismes du sol, les

Rose hybride de thé

Lis

Viorne boule de neige

Sorbier des oiseaux

insectes, les animaux non visés et… les humains. De plus, l'utilisation répétée de certains pesticides entraîne des problèmes de résistance chez les organismes visés.

## Les insectes et les petits animaux bénéfiques, des alliés au jardin

Les insectes et les petits animaux ont souvent mauvaise réputation auprès des jardiniers et de la population en général. Pourtant, si on considère les insectes, on réalise que 99 % d'entre eux sont sans danger et plusieurs sont même très utiles. D'ailleurs, certains insectes et petits animaux sont les alliés par excellence du jardinier.

Ces assistants bénévoles travaillent sans relâche. Certains contribuent à contrôler la population des ravageurs en les dévorant ou en les parasitant, d'autres se chargent de la pollinisation des plantes et enfin d'aucuns décomposent la matière organique.

# Que faire lorsque survient un dommage ?

Malgré tous vos bons soins, il n'est pas totalement exclu qu'un problème de ravageurs ou de maladies survienne. Dans ce cas, vous devriez procéder selon les étapes suivantes.

## La première étape : identifier le coupable

S'agit-il d'un ravageur, d'une maladie ou d'un organisme totalement inoffensif ? Observez attentivement vos plantes, recherchez les symptômes (feuille tachetée, rabougrie, trouée ou grignotée ; plaque de pelouse jaune qui grandit progressivement ; plante en dépérissement ; etc.). Dans le cas d'un ravageur, tentez de le surprendre sur le fait. Au besoin, votre investigation devra se poursuivre la nuit, à l'aide d'une lampe de poche. Une fois les dommages notés ou le ravageur capturé, essayez d'identifier le réel coupable (le perce-oreille est parfois faussement accusé des dommages qui sont occasionnés en réalité par les limaces). Si nécessaire, rendez-vous à la bibliothèque pour consulter les livres traitant des ravageurs et des maladies des plantes. Et si vous n'y arrivez toujours pas, apportez dans une jardinerie quelques feuilles affectées ou le ravageur capturé.

## La seconde étape : choisir d'intervenir ou non

Votre choix d'intervenir ou de fermer les yeux dépendra de la situation réelle, telle que décelée dans la première étape. Une intervention n'est pas justifiée lorsque l'étendue des dommages est négligeable (quelques petits trous sur une feuille d'arbre par exemple), lorsque le ravageur a dépassé le stade de nuisance ou enfin, si les dommages sont limités à des considérations esthétiques, comme dans le cas des phytoptes de l'érable. Ces derniers sont des acariens qui produisent des galles ou des taches à la surface supérieure des feuilles. Ces symptômes ne causent pas de torts réels aux arbres qui en sont affectés.

## La troisième étape : opter pour des interventions physiques

Si le choix d'une intervention s'impose, vous devriez d'abord privilégier les interventions physiques qui n'auront pas ou peu d'impact sur l'environnement. Le ramassage manuel des doryphores, l'installation d'une barrière de coquilles d'œufs broyées pour protéger les plants contre l'invasion des limaces, l'utilisation de pièges de toutes sortes, sont des interventions faciles à réaliser et efficaces.

Le tableau suivant présente les principaux alliés au jardin, ainsi que leurs rôles et les pratiques à adopter pour les protéger ou les attirer dans votre jardin.

### Les alliés au jardin

| ALLIÉS | RÔLES | POUR LES PROTÉGER ET LES ATTIRER |
|---|---|---|
| **Abeilles, guêpes et bourdons**  | Pollinisateurs. Près de 90 % de toutes les formes de pollinisation sont dépendantes des insectes. Les pollinisateurs sont indispensables pour certaines plantes telles que courges, concombres, petits fruits, pommes. Certaines petites guêpes sont parasites d'insectes nuisibles. | Situation ensoleillée. Aménagez une flore abondante, diversifiée et attractive du printemps à l'automne incluant des fleurs indigènes.* *Note : les plantes à fleurs ont développé des moyens (couleur, forme, nectar), pour favoriser la visite des pollinisateurs.* Lorsque l'utilisation de pesticides (même naturels) est inévitable, l'application doit s'effectuer en dehors des heures d'activité intense des pollinisateurs. |
| **Araignées** | Prédatrices d'insectes dont plusieurs nuisibles. La plupart des araignées capturent les insectes dans des toiles faites d'un filet de soie sécrétée par leurs glandes annales, puis elles les tuent en leur administrant un poison injecté par les chélicères. | Utilisez un paillis organique léger : paille, feuilles déchiquetées, etc. |
| **Carabes** | Les larves et les adultes sont prédateurs. Ils se nourrissent de grande quantité de larves, de pupes et de limaces. | Évitez de conserver le sol à nu, pendant de longues périodes. Installez des roches sous lesquelles les carabes s'abriteront le jour puisque la plupart sont nocturnes. |
| **Chrysopes** | Les larves sont prédatrices de pucerons. | Aménagez une flore abondante, diversifiée et attractive*. |
| **Cloporte** | Décomposent la matière organique. Ce sont des crustacés terrestres. | Maintenez un bon taux de matière organique. Évitez de conserver le sol à nu, pendant de longues périodes. |
| **Coccinelles** « bêtes à bon Dieu » | La larve et l'adulte sont prédateurs de pucerons. La larve peut manger de 200 à 600 pucerons au cours des 20 jours de son développement. Chaque adulte mange jusqu'à 50 pucerons par jour. | Évitez l'usage des pesticides dans le contrôle des pucerons ; utilisez d'abord le jet d'eau à pression pour les déloger. Protégez les sites d'hibernation des espèces indigènes (les adultes hibernent généralement au pied d'un arbre : saule, tremble, orme, érable)**. |
| **Libellules** | Prédatrices de plusieurs insectes indésirables. | Aménagez un jardin d'eau. |
| **Centipèdes et millipèdes** | Maintenez un bon taux de matière organique. Évitez de conserver le sol à nu pendant de longues périodes. | Décomposent la matière organique. Les centipèdes s'attaquent aux limaces. Les millipèdes prennent une forme arrondie lorsqu'ils sont dérangés ou qu'ils se sentent menacés. |

| | | |
|---|---|---|
| **Chauve-souris** | Prédatrices de plusieurs espèces d'insectes nocturnes tels que les noctuelles. En une seule nuit, une chauve-souris peut consommer une quantité d'insectes équivalente à 50 % de son poids. | Conservez des espaces abrités où elles peuvent se reposer le jour, ou leur confectionner un abri de couleur noire (idéalement situé face au sud et à l'abri du vent). |
| **Couleuvres** | Prédatrices de plusieurs insectes indésirables mais se nourrissent aussi de mulots, de vers de terre et de grenouilles. | Confectionnez un abri constitué d'un amas de pierres. |
| **Crapauds et grenouilles** | Prédateurs de limaces et de plusieurs insectes nuisibles. | Aménagez un jardin d'eau (grenouilles). Aménagez des vivaces autour du jardin. Confectionnez un abri constitué d'un pot à fleurs renversé et muni d'une ouverture (crapauds). |
| **Oiseaux insectivores (hirondelles, mésanges, etc.)** | Prédateurs. Les hirondelles peuvent manger de 200 à 300 insectes par jour. | Installez des nichoirs. Tenez les chats et les écureuils éloignés. |
| **Vers de terre** | Véritables laboureurs, ils creusent des galeries dans le sol, facilitant ainsi le drainage, l'aération et la pénétration des racines. Ils décomposent la matière organique. | Maintenez un bon taux de matière organique. Évitez de conserver le sol à nu, pendant de longues périodes. |

* Flore abondante et attractive : coréopsis, gaillarde, mélisse citronnelle, sédum d'automne, sarrasin, trèfle, aconit, monarde, épilobe, eupatoire, chicorée, verge d'or, agastache, vipérine, bourrache, arbre aux papillons, sorbier, sorbaria, sureau, tilleul et plusieurs plantes indigènes.

** La coccinelle asiatique, une espèce introduite, est devenue une nuisance puisqu'elle déplace les coccinelles indigènes de leur milieu. De plus, elle envahit les habitations pour y passer l'hiver. Pour remédier à cette situation, calfeutrez convenablement toutes les entrées possibles et utilisez l'aspirateur pour contrôler les individus qui sont entrés à l'intérieur. Enfin, lorsque nous avons la « chance » d'avoir un hiver particulièrement rigoureux, les individus qui n'ont pas trouvé refuge à l'intérieur ne survivent pas.

## La quatrième étape : opter pour l'utilisation de pesticides à faibles impacts… en dernier recours

Lorsque toutes les méthodes de prévention et les interventions physiques ne suffisent pas, il se peut que vous deviez recourir à l'utilisation de pesticides à faibles impacts (voir page 155). Cependant, vous ne devriez réserver cette pratique qu'en dernier recours… juste avant la visite chez le psychologue. Même si, comme leur nom l'indique, ils ont peu de conséquences sur l'environnement et la santé humaine, ils risquent tout de même à différents degrés de perturber l'écosystème. Ainsi, ils peuvent causer des torts aux organismes non visés dont les alliés, puisque peu de pesticides à faibles impacts sont spécifiques à un ravageur donné.

## La cinquième étape : se questionner sur la cause et repenser les pratiques

Une fois le problème contrôlé, vous devriez vous questionner sur les causes initiales

| Ravageur | **Criocère du lis** *(Lily leaf beetle)* |
|---|---|
| **Description**  | Ordre des coléoptères. Adulte : corps rouge, 7 à 8 mm, pattes noires. Larve : 7 à 9 mm, jaune avec tête noire, se protège de ses prédateurs en s'entourant de ses déjections de couleur brun noirâtre. |
| **Plantes hôtes** | Principalement les lis, les fritillaires et les Liliacées indigènes ; occasionnellement, les hémérocalles, les Solanacées et les asters. |
| **Habitudes** | L'adulte hiberne dans le sol d'où il émerge très tôt au printemps. Se laisse tomber au sol et fait le mort, lorsqu'il est dérangé, mais reprend vie ensuite. |
| **Dommages** | Les adultes et les larves causent d'importants dommages en se nourrissant des feuilles. En grand nombre, ces insectes peuvent défolier totalement leur hôte et entraîner sa mort. |
| **Prévention** | Évitez les collections de lis. Masquez l'odeur des plantes vulnérables en vaporisant un extrait de tanaisie (voir les produits maison). |
| **Contrôle** | Effectuez le contrôle manuel en écrasant les criocères individuellement (mettez des gants, si cela vous rebute). Commencez tôt au printemps et effectuez une surveillance tout au long de l'été. Si vous avez perdu le contrôle, arrachez et détruisez les plants fortement infestés. |

| Ravageur | **Doryphore, bibitte à patates** *(Colorado potato beetle)* |
|---|---|
| **Description** | Ordre des coléoptères. Adulte, mesurant 1 cm de long, jaune rayé de bandes longitudinales noires. Œufs de couleur orangée, par grappes de 10 à 12, sous la surface des feuilles. Larve arquée et rougeâtre, portant deux rangées de points noirs sur les côtés de l'abdomen. |
| **Plantes hôtes** | Les Solanacées : pomme de terre, tomate, aubergine, tabac ornemental. |
| **Habitudes** | L'adulte hiberne dans le sol d'où il sort à la fin de mai. Il se nourrit puis s'accouple. Les œufs sont ensuite pondus par groupes sur la face inférieure des feuilles (entre le mois de juin et la fin de juillet). Apparaît ensuite une larve bombée, puis l'adulte. Il y a habituellement une génération par année. |
| **Dommages** | Causés par les larves et les adultes qui rongent des segments de feuilles. Ils y laissent un dépôt noir. De fortes infestations peuvent défolier complètement les plantes et réduire la dimension des tubercules. |
| **Prévention** | Favorisez les alliés naturels : coccinelles, carabes, chrysopes et certaines punaises. Procédez à la rotation au potager. Pratiquez le compagnonnage en associant les haricots avec les pommes de terre. |
| **Contrôle** | Détruisez les masses d'œufs orange sous les feuilles en juin, en les écrasant avec le pouce. Effectuez une surveillance régulière et ramassez manuellement les larves et les adultes, en secouant les plantes au-dessus d'un seau d'eau, contenant du savon. Installez une couverture flottante jusqu'à la mi-saison. En dernier recours : terre diatomée. |

| | |
|---|---|
| **Ravageur** | **Hanneton, ver blanc** *(June beetle)* |
| **Description** | Ordre des coléoptères. Communément appelé « barbot ». Adulte : brun foncé, 2 cm de long, 1 cm de large. Larve : blanche et recourbée en forme de 'C', jusqu'à 3 cm de long, tête et pattes rougeâtres et queue bleutée. |
| **Plantes hôtes** | Tous les légumes, le gazon. |
| **Habitudes** | Les larves prennent trois années pour compléter leur cycle. |
| **Dommages** | Les larves s'attaquent aux racines et aux autres parties souterraines. Les plants flétrissent et se dessèchent. |
| **Prévention** | Assurez-vous que le tas de compost soit recouvert. |
| **Contrôle** | Détruisez manuellement les larves lors de la préparation du sol. Potager : si infestation importante, effectuez un travail du sol en profondeur tôt à l'automne, pour exposer les larves et les pupes aux intempéries (gel) et à leurs prédateurs (merle, mouffette, taupe, étourneau sansonnet). Pelouse : effectuez une aération. En dernier recours, introduisez des nématodes bénéfiques qui vont parasiter les larves. Assurez-vous que la pelouse ne comporte pas un chaume trop épais et qu'elle demeure humide avant et après l'application. |

| | |
|---|---|
| **Ravageur** | **Limace** *(Slug)* |
| **Description** | Petit mollusque visqueux. Hermaphrodite. |
| **Plantes hôtes** | Plusieurs plantes ornementales dont les hostas. Plusieurs plantes légumières dont la laitue, les pommes de terre, les choux. Certains petits fruits dont les fraises. |
| **Habitudes** | Peut vivre plus d'une année. Principalement active la nuit, elle se cache dans des endroits abrités et humides le jour. Prolifère par temps humide. |
| **Dommages** | Elle mange les feuilles en y laissant une traînée visqueuse, qui devient luisante en séchant. |
| **Prévention** | Optez pour des plantes moins vulnérables (certains cultivars de hostas sont moins sensibles aux limaces). Mélangez au paillis des feuilles de chêne déchiquetées ou des algues (ne pas en abuser car les unes comme les autres peuvent être toxiques à fortes doses). Favorisez la présence des alliés : oiseaux, couleuvres, crapauds. Pulvérisez sur les plants une infusion de feuilles de rhubarbe. |
| **Contrôle**  | Procédez au ramassage manuel (l'idéal étant la nuit avec une lampe de poche). Si vous écrasez les limaces, ramassez-les, car leurs œufs peuvent continuer à se développer. Installez, autour des plants, des barrières constituées de coquilles d'œufs écrasées, de sable, de chaux ou de cendre de bois. Les limaces n'aiment pas circuler sur des surfaces rugueuses. Confectionnez des pièges en remplissant de bière (alcoolisée ou non) ou d'un mélange d'eau sucrée additionnée de levure, des contenants enfouis dans le sol, jusqu'au bord. Renouvelez l'appât régulièrement. En dernier recours : terre diatomée, appâts au phosphate de fer. |

| | |
|---|---|
| **Ravageur** | **Mouche de la carotte** *(Carrot rust Fly)* |
| **Description** | Ordre des diptères. Adulte : mouche noire de 5 à 6 mm de long, à tête rougeâtre et à pattes jaunes. Asticot (larve) : blanc crème, sans pattes, muni de crochets buccaux foncés. |
| **Plantes hôtes** | Carotte, céleri, panais, persil. |
| **Habitudes** | Hiberne dans le sol sous forme de pupe. Produit deux générations par année. La première génération qui naît vers la fin de mai cause peu de dégâts mais la seconde, qui a lieu vers la fin d'août ou le début de septembre, est plus dommageable. |
| **Dommages** | Les asticots (larves de mouche) se développent et creusent des conduits noirâtres dans la carotte. Chez les plants fortement attaqués, les feuilles prennent une teinte rouge foncé. |
| **Prévention** | Effectuez un semis de précision pour éviter l'éclaircissage (les mouches sont attirées par le dioxyde de carbone émis par les plantes qui sont manipulées). Évitez l'utilisation du compost jeune sur les cultures vulnérables. Effectuez le compagnonnage en associant des plants d'oignons ou de coriandre aux plantes hôtes. |
| **Contrôle**  | Installez un agrifiltre avant la ponte de la deuxième génération (approximativement autour de la mi-août, mais pour plus de précision, installez un piège collant jaune pour déterminer la période précise dans votre secteur). Déposez des feuilles fraîches de tanaisie, d'absinthe ou de sauge au pied des plants ou arrosez les pieds avec des extraits faits de ces plantes ou avec un lessis. À répéter 2 ou 3 fois durant la période de ponte. |

| | |
|---|---|
| **Ravageur** | **Noctuelle, ver gris** *(Cutworm)* |
| **Description** | Ordre des lépidoptères. Adulte : papillon de nuit aux ailes gris foncé et aux marques variées. Larve : gris ou brun pâle, d'aspect graisseux, enroulée. |
| **Plantes hôtes** | Crucifères, maïs, tomate, haricot, piment, courge… |
| **Habitudes** | Hiberne à l'état de pupe dans le sol. Habituellement une génération par année. |
| **Dommages** | Les dommages sont causés par la larve (ver). Les plus jeunes larves grignotent le feuillage alors que les plus âgées coupent la tige près du sol. Elles sont actives durant la nuit puis retournent dans le sol au pied du plant au matin. Les dommages sont particulièrement importants lors de la levée ou de la transplantation (de la mi-mai à la mi-juin). |
| **Prévention** | Assurez-vous que le tas de compost soit recouvert, principalement à partir du début d'août. |
| **Contrôle**  | Placez une barrière enfoncée de 3 cm dans le sol et dépassant au moins de 5 cm autour du plant : boîte de conserve ou demi-rouleau de papier hygiénique vide (idéal car biodégradable). Effectuez le ramassage manuel la nuit à l'aide d'une lampe de poche. Après un dommage, cherchez le coupable dans le sol à proximité du plant et détruisez-le. Épandez des coquilles d'œufs broyées grossièrement sur le sol. |

| Ravageur | **Perce-oreille** *(Earwigs)* |
|---|---|
| **Description** | Ordre des dermaptères. Cerques bien développés en crochet. |
| **Plantes hôtes** | Il infeste occasionnellement : laitue, céleri, crucifères, maïs, patate, betterave, bette à carde, haricot et de nombreuses fleurs : dahlia, chrysanthème, rose. |
| **Habitudes** | Habituellement une génération par année. Hiberne dans le sol en couple sous forme adulte. Les œufs sont pondus à la fin de l'hiver et le mâle est chassé du nid. Principalement nocturne. Peut voler. Se nourrit de plantes mais aussi considéré comme bénéfique car il mange les débris organiques et se nourrit d'insectes tels que les pucerons, les thrips et les acariens. |
| **Dommages** | C'est un ravageur occasionnel qui se nourrit parfois de feuilles saines et y laisse des trous. Favoriser la présence des alliés : crapauds, couleuvres. |
| **Prévention** | Évitez de lui procurer des cachettes (endroits sombres et humides). |
| **Contrôle** | Confectionnez des pièges :<br>– Bout de boyau ou de bambou, journaux enroulés (avec appât tel que beurre d'arachide ou huile de sardines) ou panneaux rainurés ; secouez-les chaque matin au-dessus d'un seau d'eau contenant du savon<br>– Mettez de l'huile de poisson (fond d'une boîte de conserve de sardines ou de thon) et de l'eau (moitié-moitié) dans des contenants, enfouis dans le sol jusqu'au bord.<br>En dernier recours : traitez avec du savon insecticide, le soir. |

| Ravageur | **Piéride du chou** *(Imported cabbage worm)* |
|---|---|
| **Description** | Ordre des lépidoptères. Adulte : papillon blanc ponctué de noir. Larve : vert pâle, très petite au début de son cycle, elle peut atteindre 3 cm. |
| **Plantes hôtes** | Les Crucifères. |
| **Habitudes** | Hiberne dans le sol sous forme de pupe (chrysalide). Émerge habituellement au début de juin (parfois en mai) et demeure active jusqu'à la fin de septembre. |
| **Dommages** | La larve fait des grands trous dans les feuilles et creuse dans les pommes et les inflorescences, laissant derrière elle des dépôts d'excréments verts. |
| **Prévention** | Pratiquez le compagnonnage avec des plantes aromatiques (marjolaine, sarriette). Mettez des feuilles de menthe ou d'absinthe hachées à la base des plantes. |
| **Contrôle** | Effectuez le ramassage manuel des larves et adultes (filet à papillons). Saupoudrez les plants tôt le matin de cendre de bois ou traitez avec une solution salée (1 cuillère à thé dans 1 litre d'eau) ou de savon insecticide. En dernier recours : BTK (*Bacillus thuringiensis* var. *kurstaki*). |

| **Ravageur** | **Puceron** *(Aphid)* |
|---|---|
| **Description** | Ordre des hémiptères, sous-ordre des homoptères. Minuscule, corps mou en forme de poire, ailé ou non, généralement de teinte verdâtre ou noirâtre. |
| **Plantes hôtes** | Plusieurs plantes légumières, florales et arbustives. |
| **Habitudes** | Les nymphes et les adultes sucent la sève des plantes. Prolifère très rapidement grâce à des femelles qui sont capables de produire des jeunes par parthénogenèse (sans la fécondation d'un mâle). Hiberne sous forme d'œufs. |
| **Dommages** | Rarement graves en culture écologique, car il y a rarement excès d'azote. Il s'attaque aux feuilles, ce qui cause le flétrissement et éventuellement le rabougrissement du plant. |
| **Prévention** | Favorisez la présence des alliés : coccinelles, chrysopes, guêpes parasites. Évitez la surfertilisation en azote. |
| **Contrôle** | Supprimez les plants les plus atteints. Dirigez un puissant jet d'eau sur les plantes infestées pour déloger les pucerons. En dernier recours : savon insecticide, insecticide maison à base d'ail. |

| **Ravageur** | **Punaise velue** *(Hairy chinch bugs)* |
|---|---|
| **Description** | Ordre des hémiptères. Adulte : 3,5 mm de long, noir avec des ailes blanches lustrées. Nymphe : sans aile, 1 mm de long, rougeâtre avec deux lignes blanches dans le dos. |
| **Plantes hôtes** | Les pelouses constituées de Graminées. |
| **Habitudes** | Les punaises aiment les endroits secs et se cachent dans le chaume. |
| **Dommages** | Les adultes et les nymphes sucent la couronne de l'herbe qui devient jaune et sèche. |

| | |
|---|---|
| **Prévention** | Semez des cultivars de gazon résistants à la punaise (avec endophytes). Acceptez la biodiversité dans votre pelouse. Conservez le sol frais autant que possible, en laissant le gazon haut, en terreautant au compost, en plantant des arbres pour créer de l'ombre sur la pelouse. Évitez les engrais chimiques qui encouragent la présence du chaume et n'utilisez que des engrais naturels (voir chapitre 4 « La pelouse : sortir du cycle infernal du chimique pour économiser temps et argent »). |
| **Contrôle** | Inondez les endroits infestés avec de l'eau durant deux semaines. Au besoin, ajoutez du savon insecticide à l'eau. En dernier recours : utilisez un mélange de pyréthrine et de savon insecticide. |

d'une telle situation et sur les changements que vous devriez effectuer pour éviter que le problème ne se répète... S'agit-il d'une plante particulièrement sensible ? Dans ce cas, il vaudrait mieux songer à la remplacer par une plante résistante.

Vos pratiques d'entretien sont-elles appropriées ? Si vous tondez votre pelouse trop court, vous favorisez les ravages de la punaise velue puisque celle-ci apprécie les conditions sèches. Pensez à relever la hauteur de coupe de votre tondeuse. Vos tomates présentent-elles un brunissement à leur extrémité ?

Ce trouble peut être occasionné par une absorption insuffisante de calcium qui est elle-même très souvent causée par une irrégularité de la disponibilité de l'eau. Assurez à vos tomates des apports réguliers en eau et installez des paillis organiques à la base de vos plants. Enfin, en vous attaquant à la cause réelle des problèmes de ravageurs et de maladies qui affectent vos plantes, vous éviterez de dépenser du temps et de l'argent, année après année. C'est une question de gros bon sens !

## Dix ravageurs parmi les plus communs

Les ravageurs sont des animaux qui commettent des dégâts importants sur une plante, le plus souvent dans le but de s'en nourrir. Les ravageurs des plantes sont des insectes, la plupart du temps, mais d'autres animaux, tels que les limaces et les acariens, peuvent également causer des dommages aux plantes (voir les tableaux pages 150 à 154).

## Les maladies des plantes

Les maladies des plantes peuvent être de plusieurs types. Les unes sont non parasitaires, c'est-à-dire qu'elles sont causées par de mauvaises conditions climatiques ou culturales, telles que des températures peu favorables, des carences, etc. Le seul fait d'adopter des pratiques préventives suffit la plupart du temps à minimiser certains de ces problèmes (voir page 144). Plus rarement (fort heureusement), d'autres maladies proviennent de bactéries ou de virus. Dans ces cas, l'issue est parfois fatale car elle se termine avec l'élimination des sujets atteints.

Finalement, les maladies des plantes sont le plus souvent causées par des champignons microscopiques présents dans le sol ou dans l'air. Il est alors question de maladies fongiques dont les plus communes sont le mildiou, l'oïdium (le blanc), la rouille et la tache noire.

### Comment prévenir et contrôler les maladies fongiques ?

Les champignons responsables des maladies fongiques peuvent envahir, à différents degrés, les tissus des plantes, selon des températures et des taux d'humidité qui leur sont spécifiques. En adoptant des pratiques d'entretien préventives, il est possible de minimiser, voire d'éviter les effets dévastateurs des maladies fongiques. Mais, lorsque l'une d'elles est soupçonnée ou réellement installée, vous devriez intervenir pour éviter que la productivité, l'apparence et même la survie des plantes ne soient compromises. Ainsi :

- Taillez rapidement et détruisez les parties atteintes ;

- Modifiez si possible les conditions environnementales (aération, éclairage, humidité) ;
- Utilisez des fongicides commerciaux (soufre) ou de fabrication maison (bicarbonate, décoction de prêle) pour prévenir ou contrôler l'envahissement (voir la prochaine section : les pesticides à faibles impacts).

## Les pesticides à faibles impacts : en dernier recours

Les pesticides sont, par définition, des produits destinés à tuer ou à éloigner un organisme vivant considéré comme nuisible. Les principaux pesticides utilisés en horticulture sont les insecticides pour détruire les insectes, les fongicides pour lutter contre les maladies fongiques et les herbicides pour contrôler l'envahissement des adventices. La plupart des pesticides chimiques ne devraient pas être utilisés au jardin en raison des risques qu'ils comportent pour la santé humaine et pour l'environnement. Heureusement, il existe quelques produits qui sont qualifiés de « pesticides à faibles impacts », c'est-à-dire qu'ils ont peu de répercussions négatives sur l'environnement et la santé. Mais « peu » ne signifie pas « aucune » répercussion. C'est pourquoi leur emploi devrait toujours être une solution de dernier recours. Parmi les pesticides à faibles impacts, il y a des produits commerciaux, qui sont fabriqués à partir d'une dizaine d'ingrédients actifs, et des produits de fabrication maison.

### Les produits commerciaux

Parmi les ingrédients actifs qui sont contenus dans les produits commerciaux domestiques, considérés comme des insecticides et des fongicides à faibles impacts, nous retrouvons :

- ✔ le **savon insecticide**, qui est utilisé pour contrôler une très large gamme d'insectes. Il est principalement efficace contre les insectes à corps mou ou à carapace mince. On l'utilise habituellement contre les pucerons, les punaises velues, les cochenilles, les perce-oreilles et les acariens. Le savon insecticide est vendu sous forme liquide, dilué et prêt à l'emploi, ou en concentré, ce qui est plus avantageux économiquement. Pourquoi payer pour de l'eau, alors que la préparation d'un tel produit est si simple et sans danger ?
- ✔ la **pyréthrine**, qui est un insecticide provenant d'une plante, le pyrèthre. Elle agit comme poison du système nerveux en paralysant l'insecte. On l'utilise pour contrôler plusieurs insectes dont les pucerons, les chenilles, les coléoptères, les mouches, les perce-oreilles, etc. Il faut prendre des précautions lorsqu'on utilise la pyréthrine, car certaines

personnes y sont allergiques. Quelques produits commerciaux contiennent une combinaison de savon insecticide et de pyréthrine qui augmente l'efficacité du produit. Cependant, assurez-vous que le produit commercial ne contienne pas de butoxyde de pipéronyle, un produit de synthèse. Il faut également éviter les pyréthrinoïdes qui sont des composés synthétiques qui ressemblent chimiquement aux pyréthrines, mais qui sont plus toxiques et plus persistants dans l'environnement.

- ✔ l'**huile de dormance**, qui est un produit utilisé pour détruire les œufs et les adultes d'insectes et d'acariens qui séjournent dans les crevasses des branches et des troncs de plusieurs arbres et arbustes ornementaux et fruitiers en inhibant leur respiration. L'huile est vendue sous forme concentrée et doit être émulsifiée avec de l'eau. Elle est habituellement utilisée tôt au printemps, avant que les bourgeons ne verdissent, et par temps doux et sec. Il faut s'assurer qu'il n'y a aucun risque de gel dans les heures qui suivent le traitement. Certaines huiles horticoles peuvent également être utilisées durant la saison de croissance, mais dans tous les cas, le mode d'emploi doit être scrupuleusement respecté.
- ✔ l'**acide borique**, qui est un appât constitué de borax, utilisé pour contrôler l'envahissement des fourmis. Il agit comme poison du système digestif des fourmis. Même si la toxicité est faible, il faut éviter que les enfants ou les animaux n'entrent en contact avec le produit. Utilisez une cannette de boisson gazeuse ou une petite bouteille de plastique dont vous aurez coupé et inversé le goulot et insérez-y le produit pour le mettre à l'abri des curieux, tout en permettant la circulation des fourmis, qui seront attirées par le borax et le sucre (s'il y en a) de la boisson gazeuse.
- ✔ le **BT *(Bacillus thuringiensis)***, qui est un des rares insecticides à faibles impacts à être sélectif pour un groupe d'insectes. Il s'agit d'une bactérie qui, lorsqu'elle est ingérée par l'insecte visé, libère des cristaux dans le système digestif de ce dernier. L'insecte ne peut plus s'alimenter et meurt. Le BTK (Bacillus thuringiensis souche kurstaki) est très efficace contre les chenilles des lépidoptères (piéride du chou, chenille à tente, etc.).
- ✔ le **soufre** et la **chaux soufrée**, qui sont des fongicides. Ils sont utiles pour prévenir ou contrôler la plupart des maladies à champignons. Ces produits sont vendus sous forme de poudre ou en concentré liquide. Il est important de lire l'étiquette du produit, puisque certaines plantes ne tolèrent pas le soufre.
- ✔ la **terre diatomée** (dioxyde de silice), qui est une poudre constituée d'une multitude de cristaux à angles vifs. Ils perforent la cuticule des insectes qui s'y frottent. Ceux-ci se déshydratent et meurent. Ce produit est utilisé contre les altises, les doryphores, les mouches du chou, les vers gris, les perce-oreilles, les fourmis et les limaces. La terre diatomée n'est pas sélective et peut être nocive pour les vers de terre. Elle n'est efficace que lorsqu'elle est sèche.
- ✔ le **phosphate de fer**, qui est un appât utilisé pour contrôler l'envahissement des limaces. Il s'agit d'un composé minéral naturel qui est beaucoup moins toxique que les appâts à limaces conven-

tionnels. Les limaces arrêtent de se nourrir immédiatement après avoir ingéré le phosphate de fer et se déshydratent.

## Les produits de fabrication maison

Il existe de nombreux produits de fabrication maison qui peuvent être utiles pour prévenir ou contrôler certains ravageurs ou certaines maladies. Cependant, nous nous limiterons à quelques recettes classiques qui ont été éprouvées par de nombreux jardiniers.

### Infusion de tanaisie (insecticide et insectifuge)

La tanaisie est une plante indigène qui prolifère abondamment en bordure des routes et dans les terrains vagues. On l'observe plus facilement au milieu de l'été, alors qu'elle est en fleurs. Puisqu'elle peut être utilisée aussi bien séchée que fraîche, il est utile d'en faire provision. L'infusion de tanaisie a des propriétés insecticides et insectifuges (qui éloignent les insectes), efficaces contre plusieurs insectes dont les pucerons, les mouches (mouches de la carotte, de l'oignon, du chou), l'anneleur du framboisier, l'anthonome du fraisier et les noctuelles.

Méthode : mettre 300 g de plante fraîche ou 30 g de plante séchée dans 2 litres d'eau bouillante. Laisser reposer 12 heures, puis filtrer (on peut aussi placer un coton à fromage dans le fond du récipient puis ajouter les plantes et l'eau bouillante ; le moment venu, la filtration sera facilitée). Le concentré ainsi obtenu peut se conserver quelques jours au réfrigérateur. Pour l'utiliser, mélanger 2 parties de l'extrait à 8 parties d'eau et ajouter 2 ml de savon insecticide par litre d'extrait dilué (pour l'adhérence). Vaporiser sur le feuillage ou asperger le sol selon l'insecte visé.

**Tanaisie**

**Infusion de tanaisie**

**Rhubarbe**

## Infusion de camomille (fongicide)

L'infusion de camomille est utile pour prévenir ou contrôler la fonte des semis, une maladie fongique commune à la culture des semis intérieurs.

Méthode : laisser infuser 7 à 10 g de camomille (ou une cinquantaine de fleurs séchées) dans 1 litre d'eau bouillante, jusqu'à ce que le liquide soit complètement refroidi. Filtrer et vaporiser le mélange pur sur les jeunes plantules et le terreau.

## Infusion de rhubarbe (insecticide)

L'infusion de rhubarbe est utile pour contrôler les pucerons, les acariens et les limaces.

Méthode : laisser infuser 10 à 12 feuilles, dans 8 litres d'eau bouillante, durant 24 heures. Filtrer. Ajouter 2 ml de savon insecticide par litre d'extrait. Utiliser l'extrait non dilué en vaporisation sur les feuilles.

**Prêle**

## Décoction de prêle (fongicide)

La décoction de prêle est utile pour contrôler les maladies fongiques telles que le mildiou, la rouille et l'oïdium.

Méthode : Emplir une casserole de prêle. Couvrir d'eau. Amener à ébullition et laisser mijoter de 45 à 60 minutes. Refroidir. Filtrer. Diluer une partie de l'extrait dans 9 parties d'eau. Ajouter 2 ml de savon insecticide par litre d'extrait dilué. Vaporiser sur les plantes aux deux semaines en prévention ou aux deux jours si les plantes sont affectées.

Note : la décoction peut également être préparée à l'aide de plantes séchées. Dans ce cas, utilisez la moitié de la quantité suggérée.

## Insecticide à base d'ail

L'insecticide à base d'ail est utile pour contrôler les pucerons et les mouches blanches.

Méthode : hacher 20 g d'ail (ou un bulbe) et laisser macérer dans 20 ml d'huile végétale durant une journée. Ajouter un litre d'eau et 5 ml de savon insecticide. Filtrer. Diluer dans 4 fois son volume d'eau et vaporiser sur les feuilles. Conserver le concentré non utilisé au frais. Attention, comme cet insecticide n'est pas sélectif, il peut également affecter les insectes bénéfiques. De plus, il est préférable de le tester sur quelques feuilles afin de s'assurer qu'il n'affectera pas les plantes.

## Fongicide à base de bicarbonate

Le fongicide à base de bicarbonate est utile en prévention ou en traitement contre les maladies fongiques telles que le mildiou et la tache noire.

Méthode : diluer 1 cuillère à thé de bicarbonate (soda) dans un litre d'eau. Ajouter 2 ml de savon insecticide (pour favoriser l'adhérence) et vaporiser sur les plantes.

## Lessis (insecticide)

Le lessis est une macération de cendre. On l'utilise en prévention ou en traitement contre les larves de la mouche du chou, de la carotte et de l'oignon.

Méthode : placer 1 kg de cendre dans une chaudière remplie d'eau. Mélanger, puis laisser reposer une nuit. Recueillir le liquide et en arroser les plantes et le sol.

## Prévenir pour éviter de guérir et... économiser temps et argent

Bien que la précédente section vous ait procuré quelques solutions concrètes pour intervenir en cas de problèmes de ravageurs et de maladies, rappelez-vous qu'en jardinage écologique les véritables solutions reposent, d'abord et avant tout, sur l'adoption de pratiques préventives. D'ailleurs, la plupart des jardiniers écologiques de longue date vous confieront qu'ils n'emploient à peu près jamais de pesticides, même à faibles impacts. Maximiser la santé des plantes de concert avec la santé de l'environnement demeure la meilleure méthode pour éviter de recourir à des pratiques curatives, qui impliqueront à leur tour temps et argent..., sans réellement régler le problème à long terme.

# Les outils, les accessoires et les ornements

## Récupérer et investir là où ça compte

Les outils, les accessoires et les ornements de jardin font fréquemment l'objet de pratiques de surconsommation de la part des jardiniers. Malheureusement, cet état de fait n'est pas sans conséquences sur la santé de l'environnement, de même que sur celle du portefeuille.

Les cabanons et les garages sont souvent surchargés d'objets de jardinage de toutes sortes, qui, faute d'être réellement utiles ou encore utilisables, finissent par se retrouver aux rebuts, après seulement quelques années, voire quelques mois d'usage. Pourtant, il est possible d'adopter des pratiques « éconologiques » pour éviter ces désagréments.

En fait, la solution réside dans une rationalisation de la consommation et dans la récupération. Ainsi, il ne vous en coûtera souvent pas un sou, si vous transformez certains objets en accessoires ou en ornements de jardin. Quant aux outils, ils seront vos alliés durant plusieurs années, si vous prenez soin de les choisir et de les entretenir comme il se doit.

## Les outils de jardin

Les compagnies rivalisent d'astuces pour vous offrir de nouveaux outils gadgets tout aussi futiles et inutiles les uns que les autres. Pourtant, avec l'expérience, la plupart des jardiniers réalisent qu'ils n'utilisent qu'une dizaine d'outils pour procéder à la plupart des travaux de jardinage.

Vos outils sont en quelque sorte le prolongement de vos bras. Ils peuvent vous faciliter la tâche si vous les choisissez correctement ou, à l'opposé, vous encombrer si leur utilisation vous est désagréable. Lorsque vous achetez vos outils, ne lésinez pas sur la qualité. Avant de passer à la caisse, prenez le temps de manipuler l'outil convoité, en simulant le travail auquel il sera destiné. Évitez les gadgets et tenez-vous-en aux outils classiques. Achetez moins, achetez mieux.

Si l'espace que vous entretenez se limite à un jardin de ville, de grandeur moyenne, vous devriez réduire, autant que possible, l'utilisation d'outils motorisés. Ces derniers, spécialement ceux qui fonctionnent à l'essence, sont nocifs pour l'environnement. D'une part, ils utilisent du combustible fossile et polluent l'air en produisant des gaz responsables de l'effet de serre. D'autre part, il n'est pas rare de constater que les utilisateurs de ces équipements déversent souvent un peu d'essence ou d'huile polluant ainsi le sol et la nappe phréatique. Quant aux outils électriques, bien qu'ils soient moins dommageables pour l'environnement, ils produisent, tout comme leurs semblables à essence, toute une cacophonie qui n'est en rien comparable au doux gazouillis des oiseaux. Enfin, les outils mécanisés requièrent du temps pour les entretenir, vous privant ainsi d'heureux moments de jardinage. Alors, optez autant que possible pour des outils de jardin manuels. Vos voisins vous en seront reconnaissants, et ce, principalement si vous êtes plutôt du genre jardinier matinal.

## Les dix outils de jardin les plus pratiques et leurs utilisations

### La fourche à bêcher

- ✔ alléger le sol tout en extirpant les pierres et les adventices dans le but de préparer les planches du potager ou la nouvelle plate-bande ;
- ✔ retourner ou brasser le tas de compost ;
- ✔ dégager et retourner les plaques de gazon, dans le but de transformer un secteur de pelouse en plate-bande ou autre.

### Le râteau

- ✔ niveler le sol, après le bêchage et avant les semis ;
- ✔ tracer les sillons au potager, avant de procéder au semis ;
- ✔ émietter la terre en surface des plates-bandes et du potager et enlever les plus gros débris, pour effectuer un travail de sol minimal, au printemps ;
- ✔ compacter légèrement la terre (plomber) après les semis ;
- ✔ intégrer le compost et les engrais au sol.

### Le balai à feuilles

- ✔ effectuer le nettoyage de la pelouse au printemps et à l'automne ;
- ✔ répartir le compost et relever les brins de gazon, lors du terreautage.

### La pelle ronde

- ✔ creuser des trous de plantation dans le but de planter un arbre, un arbuste ou une vivace de grosse dimension ;
- ✔ remuer et transporter différents matériaux (terre, compost, etc.) ;
- ✔ déterrer les plantes qui sont destinées à être divisées ou transplantées ;
- ✔ dégager les pierres de dimension moyenne ;
- ✔ épandre du compost, à la volée, sur la pelouse.

### Le coupe-bordure (aussi appelé demi-lune)

- ✔ tailler le contour des plates-bandes et du potager;
- ✔ couper les matériaux grossiers avant de les incorporer au compost tels que les tiges de maïs;
- ✔ séparer les grosses mottes de vivaces, lors de la division;
- ✔ cerner les racines d'arbres et d'arbustes qui sont destinés à être transplantés;
- ✔ découper des plaques de gazon, avant de les extirper pour aménager une nouvelle plate-bande ou un potager.

Note: le coupe-bordure peut être remplacé par une pelle-bêche, qui est une petite pelle carrée dont le bord est tranchant.

### La griffe à dents à manche long (aussi appelée cultivateur ou binette à dents)

- ✔ travailler (biner) la terre en surface, c'est-à-dire briser la croûte qui s'y forme, tout en déracinant les adventices de petite dimension;
- ✔ intégrer le compost et les engrais naturels au sol;
- ✔ mélanger le compost dans les composteurs de petite dimension.

### La griffe à dents à manche court

- ✔ effectuer des travaux identiques à ceux décrits pour la griffe à dents à manche long, mais dans les espaces restreints et les contenants.

### Le sécateur

- ✔ tailler les petites branches des arbres et arbustes;
- ✔ tailler les gourmands des tomates indéterminées;
- ✔ couper les fleurs fanées;
- ✔ tailler les racines des plantes, lors de la transplantation;
- ✔ couper à la base, les fleurs destinées à être placées en vase;
- ✔ rabattre les vivaces avant de les transplanter;
- ✔ prélever des boutures d'arbustes ou de vivaces.

Note: privilégiez l'achat d'un sécateur muni de lame et de contre-lame, plutôt qu'un sécateur doté d'une enclume. Ce dernier endommage les tissus des plantes, en les écrasant, plutôt qu'en effectuant une coupe nette.

### La truelle (aussi appelée plantoir)

- ✔ creuser des trous de plantation pour les annuelles, les vivaces de petite dimension, les plantes légumières et les bulbes;
- ✔ déterrer les jeunes plantes pour les transplanter;
- ✔ tracer les sillons avant d'effectuer les semis.

### L'arrache-pissenlit

- ✔ arracher les pissenlits et les autres adventices de bonne dimension telles que le plantain;
- ✔ nettoyer les interstices des dalles de béton.

## L'entretien et l'entreposage des outils

Si vous avez pris soin de bien choisir vos outils, et si vous les entretenez et les entreposez de façon appropriée, ils seront vos alliés durant de nombreuses années.

L'automne venu, lorsque les travaux au jardin sont terminés, prenez le temps de bien nettoyer vos outils en procédant selon les indications qui suivent.

- Nettoyez-les à l'aide d'un chiffon humide ou d'une brosse pour y enlever la terre et laissez-les sécher.
- Frottez les parties métalliques en vous servant d'une laine d'acier ou d'un papier à poncer conçu pour le métal, pour y enlever les débris restants et les minces couches de rouille. Au besoin, utilisez une brosse de métal, si l'accumulation de rouille est importante.
- Affûtez les outils tranchants (coupe-bordure, bêche, lame de votre sécateur que vous aurez démonté) à l'aide d'une lime ou d'une meule électrique.
- Avec un chiffon imbibé d'huile minérale ou végétale, frottez les parties métalliques et les manches de bois.
- Remisez vos outils en les suspendant individuellement ; ils seront d'attaque pour la prochaine saison de jardinage.

## Les accessoires et les ornements de jardin

Les accessoires et les ornements de jardin peuvent agrémenter la vie du jardinier ou, à l'opposé, l'encombrer, l'appauvrir inutilement et porter préjudice à l'environnement, s'ils sont consommés sans discernement. Si certains accessoires commerciaux ne sont que des gadgets inutiles, d'autres peuvent faciliter la pratique du jardinage, s'ils sont appropriés à la tâche qui leur est destinée. Les trois accessoires qui devraient être considérés comme essentiels, pour jardiner en toute sécurité, sont un chapeau à large bord, une paire de gants et une paire de genouillères. Quant aux autres accessoires, leur utilisation sera plus ou moins justifiable selon les différentes cultures et les goûts du jardinier. Les ornements de jardin sont de plus en plus à la mode ces dernières années. Bien choisis et adaptés au style d'aménagement, ils peuvent ajouter à l'esthétique de l'ensemble du jardin, tout en rendant celui-ci accueillant et original. Les deux règles de base pour profiter d'accessoires ou d'ornements « éconologiques » sont « Récupérer les objets qui vous entourent » et « Achetez moins, achetez mieux ».

### Récupérer les objets qui vous entourent

Observez autour de vous. Il y a fort à parier que vous pourrez redonner vie à certains objets, que vous destiniez à la poubelle.

### Achetez moins, achetez mieux

Investissez là où ça compte. Privilégiez les objets faits à partir de matériaux naturels recyclables ou réutilisables, tels le bois, la pierre et les métaux. Évitez autant que possible les objets faits de matière plastique. À titre d'exemple, les raccords et les buses d'arrosage en laiton sont un choix plus approprié que ceux fabriqués en plastique, même s'ils sont plus coûteux. Les objets constitués de matière plastique sont fabri-

1

2

qués à partir du pétrole, une ressource non renouvelable. Ils sont la plupart du temps non recyclables et ne vieillissent pas bien (lorsqu'ils se brisent, il est presque impossible de les réparer). Enfin, puisque ceux-ci ne se décomposent que très lentement, ils vous survivront pour des milliers d'années. Est-ce le genre d'héritage que vous rêvez de laisser à vos arrière-arrière-petits-enfants ?

## Trucs et astuces éconologiques

Voici quelques trucs « éconologiques » qui vous permettront de profiter d'accessoires et d'ornements de jardin, à la fois originaux et peu coûteux.

- Recueillez l'eau de pluie en installant un baril sous les gouttières. Certains barils de plastique, de bois ou de métal, qui ont servi à entreposer des aliments, peuvent très bien faire l'affaire. Assurez-vous que celui-ci soit doté d'un couvercle pour protéger les jeunes enfants et pour éviter que les moustiques n'y trouvent un milieu de reproduction intéressant. Percez une ouverture juste assez grande pour que l'extrémité de la gouttière puisse y être insérée. De plus, vous pourrez placer votre baril sur un socle ayant une trentaine de centimètres de haut et installer un robinet à la base du baril. De cette façon, le transfert de l'eau du baril dans un arrosoir sera facilité. Autrement, vous n'aurez qu'à plonger votre arrosoir dans le baril pour y recueillir une eau que vos plantes apprécieront puisqu'elle n'est pas traitée au chlore et que sa température est idéale (température ambiante) [1-2-3].
- Gardez toutes sortes de contenants pour vos semis et vos plantes en pots (petit contenant de yogourt, boîte d'œufs, seau, boîte de bois, etc.).

3

4

5

- Récupérez des seaux de formats variés ayant servi à entreposer des aliments. Ceux-ci vous seront utiles pour maints usages : recueillir les résidus de jardin pour les apporter au compost, préparer des purins de plantes ou de compost, entreposer les résidus de cuisine à l'extérieur durant l'hiver en attendant le printemps pour les composter.
- Bricolez-vous des tuteurs et des supports à partir de branches d'arbres et d'arbustes variés [4-5-6-7].
- Confectionnez des attaches, pour relier vos plants de tomates à leur tuteur, à l'aide de tissus naturels récupérés (coton, jute, etc.). Ces attaches économiques ont aussi l'avantage d'être compostables. Vous n'aurez donc pas à vous soucier de leur avenir puisque l'automne venu, vous les enverrez au compost avec vos plants de tomates [8-9].

6

8

7

9

10

12

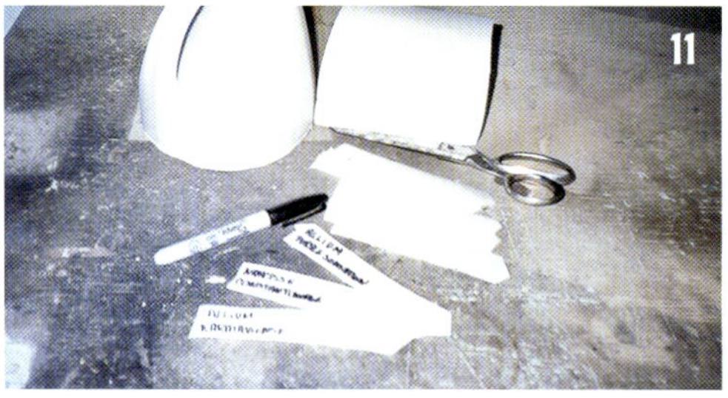
11

13

- Fabriquez des étiquettes pour identifier vos plantes, avec des contenants de plastique blanc, des stores de plastique blanc inutilisables, des bâtonnets de crème glacée [10-11].
- Utilisez des petites pierres plates que vous graverez à l'aide d'un graveur à métal, et que vous placerez à la base de vos vivaces pour les identifier de façon discrète mais… permanente.
- Faites vos propres rubans de semences avec des bandes de papier journal et une colle élaborée en mélangeant de la farine et de l'eau.
- Servez-vous d'une vieille toile de piscine pour fabriquer un jardin d'eau.
- Creusez une souche qui vous encombre et transformez-la en un pot à fleurs original [12].

14

15

18

16

19

17

- Prenez des rondins de bois pour en faire des pas japonais ou un petit trottoir [13].
- Transformez une ancienne bicyclette, une brouette désuète, une vieille paire de bottes de travail en d'attrayants ornements floraux [14-15-16].
- Ayez recours à des tiges de vigne ou de cornouiller pour fabriquer une couronne, une petite clôture, un support pour les plantes grimpantes [17-18-19].

20

21

- Créez une clôture vivante à l'aide de jeunes branches de saule [20].
- Utilisez de grosses bouteilles de plastique pour protéger du froid les jeunes plants frileux tels que le basilic, après leur transplantation [21].
- Fabriquez un épouvantail original [22].

22

# Glossaire

Adventice : (n.f.) (syn. : mauvaise herbe) plante herbacée ou ligneuse, vivace ou annuelle, croissant dans un endroit cultivé sans y avoir été invitée.

Agrifiltre : (n.m.) toile blanche mince laissant filtrer les rayons du soleil. Aussi appelé agrotextile ou « couverture flottante ». Utile pour protéger les cultures contre certains ravageurs, protéger les jeunes semis des dégâts causés par un orage violent ou par la visite des chats, comme ombrière sur la laitue, etc.

Amendement : (n.m.) substance ajoutée au sol pour en améliorer les propriétés physiques, chimiques ou biologiques.

Apiacées : (n.f.) (autrefois : Ombellifères) famille de plantes dont le regroupement des fleurs minuscules en forme de parapluie est appelé une ombelle. Ex. : carotte, céleri, fenouil, persil.

Astéracées : (n.f.) (autrefois : Composées) famille de plantes dont les fleurs minuscules sont regroupées sur un capitule. Ex. : laitue, pissenlit, tournesol, artichaut, topinambour.

Biogaz : (n.m.) gaz produit par la décomposition de déchets organiques dans un milieu privé d'oxygène.

Brassicacées : (n.f.) (autrefois : Crucifères) famille de plantes dont la fleur possède quatre pétales disposés en croix. Ex. : chou, brocoli, radis, chou-fleur.

Butter : (verbe) disposer de la terre autour du pied d'une plante.

Cotylédon : (n.m.) feuille embryonnaire qui constitue une réserve nutritive pour le développement de la jeune plantule.

Cultivar : (n.m.) variété végétale horticole ou agricole résultant d'une sélection naturelle ou d'une hybridation.

Endophytes : (n.m.) généralement des champignons microscopiques qui vivent à l'intérieur de certaines plantes et qui produisent des substances répulsives pour certains insectes.

Fabacées : (n.f.) (autrefois : Légumineuses) famille de plantes dont le fruit est une gousse et dont les racines vivent en symbiose avec des bactéries fixatrices d'azote. Ex. : haricot, luzerne, trèfle.

Gazon : (n.m.) herbe courte et fine. Terme habituellement utilisé pour désigner les plantes qui poussent sur les pelouses.

Gourmand : (n.m.) nouvelle tige qui pousse à l'aisselle d'une feuille. Dans le cas de plants de tomates indéterminées, il est préférable de tailler les gourmands.

Hybride : (n.m.) cultivar résultant du croisement provoqué entre deux plantes ayant des caractères différents.

Lamiacées : (n.f.) (autrefois : Labiées) famille de plantes dont la tige est carrée. Plusieurs plantes aromatiques font partie de cette famille. Ex. : menthe, origan.

Lessis : (n.m.) extrait provenant de la macération de la cendre dans l'eau.

Lixiviat : (n.m.) liquide qui provient de la filtration de l'eau à travers un tas de matières organiques en décomposition.

Marcottage : (n.m.) mode de multiplication des végétaux qui consiste à provoquer l'enracinement d'une tige encore attachée à la plante mère, puis à séparer celle-ci lorsqu'elle est bien pourvue en racines.

**Noctuelles:** (n.f.) famille de papillons de taille et de couleur variables, dont la plupart sont nocturnes. Certaines larves (vers gris) se nourrissent des racines et des pousses de diverses plantes et coupent parfois la tige au ras du sol.

**Parasite:** (n.m.) organisme qui vit aux dépens d'un autre être. Certains insectes parasites sont considérés utiles car ils parasitent des insectes ravageurs.

**Pathogène:** (adj.) qui peut provoquer une maladie. La majorité des maladies des plantes sont occasionnées par des champignons pathogènes.

**Pelouse:** (n.f.) couvert végétal qui peut être formé de Poacées, de Fabacées ou de plantes indigènes tapissant le sol. Le terme pelouse est habituellement utilisé pour désigner le site.

**Poacées:** (n.f.) (autrefois: Graminées) famille de plantes dont les fleurs sont réunies en épis. Ex.: blé, maïs, avoine.

**Pollinisateur:** (n.m.) organisme qui contribue à la pollinisation. Près de 90 % de toutes les formes de pollinisation sont dépendantes des insectes.

**Pollinisation:** (n.f.) c'est le transfert du pollen produit par les étamines (partie mâle) jusqu'au pistil (partie femelle) de la fleur.

**Prédateur:** (n.m.) se dit d'un animal qui se nourrit de proies. Plusieurs insectes sont considérés utiles, car ils se nourrissent d'insectes ravageurs.

**Quinconce:** (n.m) terme utilisé pour décrire une méthode de plantation où les plants sont disposés de façon à respecter l'espace nécessaire à chacun d'eux tout en maximisant l'espace de culture. À l'origine: par groupe de cinq dont quatre aux angles d'un carré et le cinquième au centre.

**Ravageur:** (n.m.) se dit d'un organisme (souvent un insecte) qui cause des dommages à une plante, le plus souvent dans le but de se nourrir.

**Rhizome:** (n.m.) tige souterraine vivace, souvent horizontale, émettant chaque année des racines et des tiges aériennes (ex.: chiendent).

**Tarière:** (n.f.) instrument servant à forer le sol dans le but d'extraire des « carottes » de sol pour évaluation.

**Terre arable:** (n.f.) (syn.: terre végétale) sol naturel ou amendé provenant de la couche supérieure d'une prairie, d'un sol cultivé, d'un boisé ou d'une aire engazonnée.

**Terreau:** (n.m.) mélange de terre pouvant contenir ou non des matières naturelles ou synthétiques, utilisé comme support et milieu de croissance pour les plantes. En horticulture, on utilise habituellement les terreaux pour la culture en pots.

**Variété:** (n.f.) plante résultant d'une sélection naturelle, différant légèrement de son espèce; subdivision de l'espèce en sous-espèces ou formes.

**Vermicompost:** (n.m.) (syn.: lombricompost) compost constitué principalement de déjections de vers de terre.

# Carte de rusticité

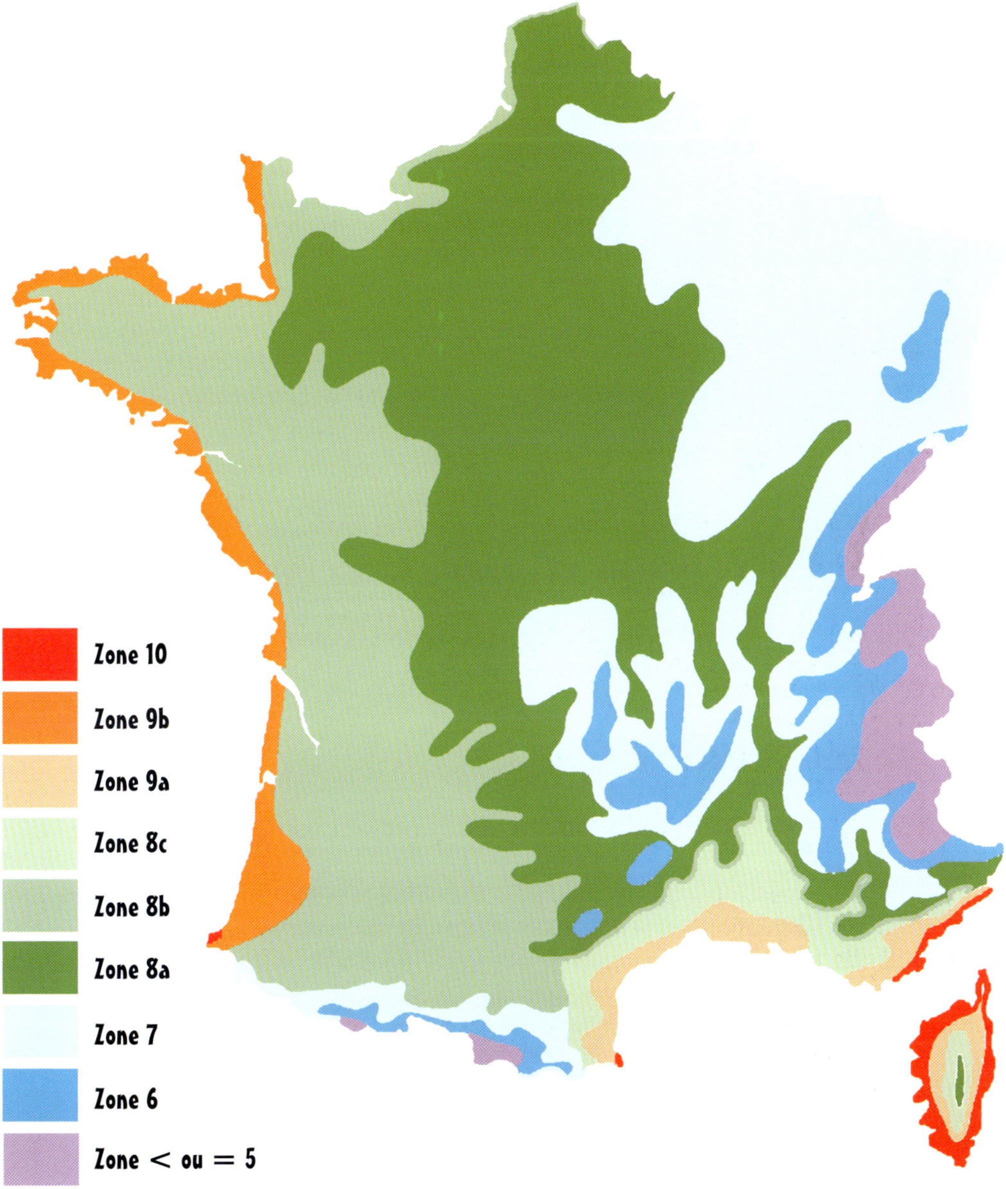

# Bibliographie


Brisson, Jean Denis et Isabelle Côté, *Plantes ornementales en santé*, Spécialités Terre à Terre, 1998, 100 pages.

Brisson, Jean Denis et coll., *Les insectes pollinisateurs : des alliés à protéger*, Éditions versicolores, 1994, 44 pages.

Brisson, Jean Denis et coll., *Les insectes prédateurs : des alliés dans nos jardins*, Éditions versicolores, 1992, 44 pages.

Dumont, Bertrand, *Guide des végétaux pour le Québec, Tome I – Les conifères et les arbustes à feuillage persistant*, Broquet, 1995, 216 pages.

— *Guide des végétaux pour le Québec, Tome II – Les arbres feuillus*, Broquet, 1994, 231 p.

— *Guide des végétaux pour le Québec, Tome III – Les arbustes*, Broquet, 1992, 522 p.

Duplessis, Josée, *Le compostage facilité*, Nova Envirocom, 2002, 107 pages.

Dumas, Maurice, *Les vers, des croyances populaires au lombricompostage*, Berger, 1996, 216 pages.

Gagnon, Yves, *La culture écologique des plantes légumières*, Les éditions Colloïdales, 1998, 296 pages.

— *La culture écologique pour petites et grandes surfaces*, Les éditions Colloïdales, 2003, 224 pages.

Giguère, Rock et coll., *Botanique et horticulture dans les jardins du Québec*, Éditions MultiMondes, 2002, 214 pages.

Grenier, Roll, *Potions magiques pour un jardin en santé*, Spécialités Terre à Terre, 2001, 50 pages.

Hodgson, Larry, *Des semis réussis*, Spécialités Terre à Terre, 50 pages.

Hodgson, Larry, *Les arbustes*, Broquet, 2002, 615 pages.

Hodgson, Larry, *Les vivaces*, Broquet, 1997, 543 pages.

Lambert Ortiz, Elisabeth, *Encyclopédie des herbes et épices*, Sélection du Reader's Digest, 1993, 288 pages.

Lamontagne, Jean et Diane Brazeau, *Entretien et taille des jeunes arbres au Québec*, Trécarré, 1996, 206 pages.

Lefebvre, Marie-Josée, *Les pissenlits de A à Z et les autres fleurs mal-aimées*, Collection du Florion d'or, 2002, 51 pages.

McHoy, Peter et Pamela Westland, *La bible des fines herbes*, Könemann, 1998, 224 pages.

Michaud, Lili, *Tout sur le compost*, éditions MultiMondes, 2007, 212 pages.

Mongeau, Serge, *La simplicité volontaire plus que jamais...*, Écosociété, 1998, 272 pages.

Pedneault, André et Régine Tremblay, *Les fines herbes au jardin*, Éditions Fleurs, plantes et jardins, 50 pages.

Saint-Hilaire, Louis, *Jardinez avec succès*, publié par l'auteur, 2001, 262 pages.

Smeesters, Édith, *Pelouses et couvre-sol*, Broquet, 2000, 207 pages.

Suzuki, David, *L'équilibre sacré, redécouvrir sa place dans la nature*, Fides, 2001, 301 pages.

Tardif, Johanne, *Une visite au Jardin Roger-Van den Hende*, Éditions MultiMondes, 2003, 161 pages.

Veillerette, François, *Pesticides. Le piège se referme*, Terre vivante, 2002, 159 pages.

Waridel, Laure et coll., *L'enVert de l'assiette. Un enjeu alimen… terre*, Les éditions des Intouchables, 1998, 108 pages.

## Autres ouvrages

*C'est le temps des bulbes*, Spécialités Terre à Terre, 50 pages.

*43 plantes passe-partout*, Hors-série, Collection Protégez-vous, 2001, 95 pages.

*Encyclopédie du jardinage bio*, Larousse, 2003, 416 pages.

*Plantes vivaces, guide pratique et répertoire illustré*, La maison des fleurs vivaces, 1999, 592 pages.

# Table des matières



Achevé d'imprimer en février 2010
Dépôt légal à parution
*Imprimé en UE*